珍藏本
纪念版

汉译世界学术名著丛书

人类幸福论

〔英〕约翰·格雷 著

张草纫 译

2017年·北京

Джон Грей

ЛЕКЦИИ О ЧЕЛОВЕЧЕСКОМ СЧАСТЬЕ

选译自苏联国家政治书籍出版局 1955 年版《格雷选集》

汉译世界学术名著丛书
（120 年纪念版·珍藏本）
出 版 说 明

2017 年 2 月 11 日，商务印书馆迎来 120 岁的生日。120 年前，商务印书馆前贤怀揣文化救国的理想，抱持“昌明教育，开启民智”的使命，立足本土，放眼寰宇，以出版为津梁，沟通中西，为中国、为世界提供最富智慧的思想文化成果。无论世事白云苍狗，潮流左右激荡，甚至战火硝烟弥漫，始终践行学术报国之志，无改初心。

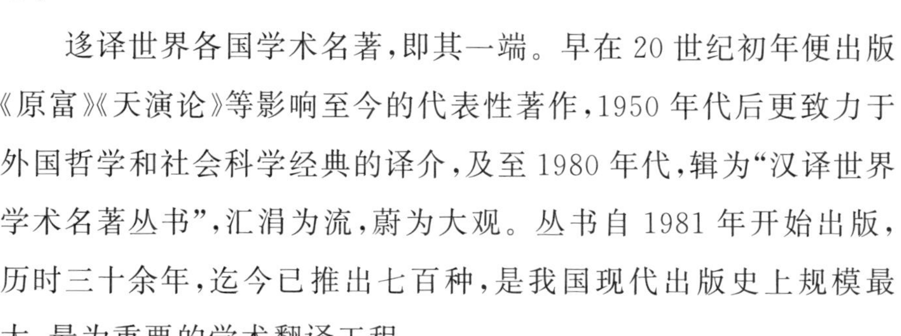

逐译世界各国学术名著，即其一端。早在 20 世纪初年便出版《原富》《天演论》等影响至今的代表性著作，1950 年代后更致力于外国哲学和社会科学经典的译介，及至 1980 年代，辑为“汉译世界学术名著丛书”，汇涓为流，蔚为大观。丛书自 1981 年开始出版，历时三十余年，迄今已推出七百种，是我国现代出版史上规模最大、最为重要的学术翻译工程。

丛书所选之书，立场观点不囿于一派，学科领域不限于一门，皆为文明开启以来，各时代、各国家、各民族的思想与文化精粹，代表着人类已经到达过的精神境界。丛书系统译介世界学术经典，引领时代思想，为本土原创学术的发展提供丰富的文化滋养，为推动中国现代学术和现代化进程做出了突出的贡献。

为纪念商务印书馆成立120周年，我们整体推出“汉译世界学术名著丛书”120年纪念版的珍藏本，寄望既利于文化积累，又便于研读查考，同时向长期支持丛书出版的译者、编者和读者致以敬意。

两甲子后的今天，商务印书馆又站在了一个新的历史时间节点上。我们不仅要铭记先辈的身影和足迹，更须让我们的步伐充满新的时代精神。这是商务人代代相传的事业，更是与国家和民族的命运始终紧密相连的事业。我们责无旁贷，必须做好我们这代人的传承与创造，让我们的努力和成果不仅凝聚成民族文化的记忆，还能成为后来人可以接续的事业。唯此，才能不负前贤，无愧来者。

商务印书馆编辑部

2017年10月

中译本序

18 世纪下半期开始的英国产业革命，到了 19 世纪最初 25 年已经全部完成。机器生产逐渐排斥了手工劳动而在国内取得了统治地位。在这期间，英国的生产力有了很大的发展，资本主义的工业企业大批出现。与此同时，英国的无产阶级的队伍也在不断成长和壮大。

但是，英国的产业革命给广大的劳动人民所带来的不是幸福，而是极端的贫困和深重的苦难。机器生产使广大的小生产者陷于破产，使农民群众失去了自己的土地。他们之中除了一部分进入工厂直接受资本家剥削外，其余的变成了失业的常备军，经常挣扎在饥饿线上。同时，新的工业装备又使得资本家有可能雇佣大批的女工和童工，并对他们进行极其残酷的剥削。

19 世纪初期，英国工人的劳动条件是十分艰苦的。他们一天工作十五六个小时，弄得精疲力尽，而所得到的报酬却很微薄，仅够维持最低的生活。他们的居住条件同样也很恶劣，经常是一家数口挤在一个十来平方米大小的房间里。由于过度的劳动，女工的早衰和童工夭折的现象十分严重。至于失业工人的境况更是非常悲惨。

失业、贫困、政治上的迫害，以及长期对法战争所造成的严重的经济后果，都促使英国无产阶级对统治阶级由内心的不满而逐渐发展为自发的斗争。不过，工人们在最初的时候还没有认识到自己的不幸的真正根源，而把一切都归咎于机器。因此，有一个时期，特别是在1811年至1812年间，工人捣毁机器的运动达到了相当广泛的规模，直到1819年的工人运动之后，英国的无产阶级在现实的教育之下才逐渐意识到自己的不幸并不在于机器，而在于不合理的资本主义制度。

以上就是英国空想社会主义者约翰·格雷(John Gray)思想观点形成的历史背景。

约翰·格雷1798年生在苏格兰，卒于1850年。幼年家贫，十四岁时就因生活所迫离开学校，到伦敦的一些大工厂和大商号中工作，开始独立谋生。由于工作关系，他到过英国的许多地方，结识了各行各业的不少人士，有机会亲眼看到资本主义制度的"严重缺陷"和广大人民生活的贫困。后来，格雷对他所接触到的这些实际材料进行独立思考，并且在这一基础上形成了自己的具有鲜明特色的思想观点。他曾这样说："我自己的一些观点，无论全部或局部，都非剽窃自任何人的。"虽然，格雷在他活动的初期，曾经赞同并宣传欧文的一些观点，可是在某一些重大问题上，他始终同欧文有着严重的分歧。

1825年，欧文的忠实弟子亚伯拉罕·寇耳布在格拉斯哥附近创办合作公社，格雷起初很想加入，后来由于在所有制的问题上同公社领导人发生意见分歧，结果没有达到自己的目的。可是，就在同一年中，他却写了一本"专门为了捍卫欧文计划"的著作。这本书就是《人类幸福论》。

《人类幸福论》是英国早期空想社会主义的最卓越的文献之一。由于它具有浓厚的革命气息，同时又写得深入浅出，文笔动人，引用的材料丰富翔实，因而成了19世纪20年代至30年代英国工人们最喜爱的一本读物。

格雷在《人类幸福论》中首先表述了自己对幸福的看法。他认为人的需要有两种："一种是作为有生命的生物所固有的需要；一种是作为有理智的生物所特有的需要。"前者表现为人需要衣服、食物和住房；后者表现为人都具有求知欲。他说，在这两种自然的需要没有获得满足以前，人是不能得到幸福的。接着，格雷列举了大量的事实来说明，人在资本主义制度下不是在物质需要上得不到满足，便是在精神需要上得不到满足。因此，他认为在资本主义制度下，不管是富人或穷人都是不幸的。

正如英国别的空想社会主义者欧文、汤普生和布雷一样，格雷在批判资本主义制度时也是以斯密和李嘉图的价值学说作为武器的。格雷特别强调"生活所必需的一切东西，能使生活愉快和舒适的一切东西，都是人类的劳动创造出来的"（本书第11页）。他把社会上每一个不参加生产劳动的成员都叫做非生产者。这些人中除了向社会提供有益的服务的医生、艺术家和教师外，绝大多数都是无益的成员，他们都是靠生产阶级而生活，也是向这一阶级所征收的一种"直接税"。可是，在资本主义社会中，越是把自己的劳动贡献给有益目的的人，越是受人鄙视，而越是能够靠自己的财产来支配别人劳动的人，却越是受人尊敬。格雷认为这种现象是十分不合理的。他主张在未来的社会中，必须把这种情况整个颠倒过来。

在旧社会中，劳动人民虽然创造了一切物质财富，养活了整个非生产阶级，而自己却过着衣不蔽体、食不果腹的生活。据格雷看来，其中一个原因就在于他们不能得到自己的全部劳动产品。在这里，格雷引证了英国统计学家科胡恩的著作，指出英国生产阶级在 1812 年生产了总数约为426 230 372英镑的财富。生产阶级中的每一个男人、每一个妇女和每一个儿童本来平均可以分到五十四英镑。然而，他们实际上只从其中取得十一英镑，也就是说，只取得他们本身的劳动产品的五分之一稍多一些，其余的部分都被非生产者用地租和利息的形式所夺走。

接着，格雷尖锐地批判了地租和利息的剥削性。他说，既然劳动是财富的唯一基础，那么地主不参加任何田间的劳动，到时候却把别人的劳动攫为己有，“这就是极大的不公平”。同样地，他也谴责食利的不义性。他认为，食利是一种“用虽然合法但不公平的手段叫别人供养自己吃闲饭的方法”(见本书第 36 页)。因此，他要求改变这种不合理的分配制度，让劳动人民有可能得到自己所创造的全部的劳动财富，并用自己不需要的一部分劳动产品去交换他们所需要的东西。格雷断言，如果每一个男人、妇女和儿童每年再得到近四十英镑的收入，那么，他们就能够绰绰有余地购买生活上的一切必需品，自然，他们的生活也就会过得十分愉快。

格雷的《人类幸福论》的最有价值的一面，在于它论证了价值是工人的劳动所创造的，揭露了工人所创造的价值绝大部分都为不参加生产的资本家和地主攫为己有，指出这是同以公平交换为前提的价值规律的要求背道而驰的，从而要求把劳动者所创造的财富全部归还给他们。正如恩格斯对整个英国空想社会主义所说的那样，格雷也是“为无产阶级的利益而利用里嘉图的价值学说和剩余价值学说，以攻击资本主义生产”[①]的。

但是，我们在《人类幸福论》中也发现了作为空想社会主义者的格雷的一般历史局限性和他的阶级局限性。

我们知道，空想社会主义者从来都不认为自己仅仅是无产阶级的利益的代表者，而是以全社会各个阶级的利益的代表者自居的。他们宣称，不但要改善“最受苦的”工人阶级的生活，而且还要改善社会上养尊处优的那些成员的生活。这一点在格雷身上表现得最明显不过。格雷一方面固然深切同情被剥夺去将近五分之四的劳动产品的生产者生活的贫困，另一方面却又怜悯剥夺他人劳动产品的非生产者的处境的困难，认为在充满了竞争的资本主义社会中，“商人阶级得到的财产数量，是他们的服务可能得到的最小数量”，“债主和房东得到的财富，是他们靠放债和出租房屋可能得到的最小数量”（见本书第 62、63 页）。在格雷看来，连这些人都不能算是幸福的。因此，格雷主张在未来的社会中不但要取消剥削，让劳动人民得到自己的全部劳动产品，而且还应该废除竞争，以便让商人、债主和房东得到最大数量的收入。格雷这种同时要改善两个利益完全对立的阶级的状况的想法，显然是自相矛盾的。

不理解无产阶级的世界性的历史使命，对阶级斗争，特别是对政治斗争采取否定的态度，是整个空想社会主义者的共同特点。这种倾向在格雷的身上也表现得很突出。格雷虽然对资本主义社会中人剥削人的现象进行了尖锐的批判，但他却把剥削制度同剥

① 马克思：《资本论》第 2 卷，人民出版社 1953 年版，编者序第 17 页。

削者严格划分开来，认为剥削的过错在于制度，而不应归罪于任何一个个别的人，甚至任何一个阶级。因此，在他看来，“对于一个由于他无力判断的情况而偶然处于压迫者地位的人，哪怕怀有一点点的敌意都是非常不公平的。”（见本书第 30 页）

从这一种观点出发，格雷坚决反对暴力革命。他说：“我们最不赞成采取暴力手段来消除贫困；我们相信，暴力在任何时候都不能达到长期的改善。”（本书第 36 页）在他的最后一本著作《社会制度》中，格雷竟要求人民停止进行任何政治争论，甚至应放弃向议会递交请愿书的权利。在格雷看来，只要向人民指出真理，说明目前制度的错误，并且提出一个较好的制度，似乎不需要经过任何政治斗争就可以从资本主义制度过渡到社会主义。由此不难理解，列宁为什么把整个空想社会主义叫做“非政治的社会主义”①。

除了上面所说的空想社会主义者所固有的历史局限性外，在格雷身上还存在着由于强烈的小资产阶级倾向所产生的阶级局限性。这一点也是格雷同欧文发生主要分歧的所在。欧文把私有制看作人类一切灾难的根源，因而坚决主张加以废除，即便是小私有制也不例外；而格雷却主张保存小私有制，也就是说要保存小商品生产的条件。他说：“这里所谈到的计划，和欧文先生的计划截然不同，但是我希望它将是有益的，它会向全世界证明，利益的一致跟个性和跟财产的差别完全是并行不悖的”（见本书第 69 页）。这几句话充分反映了格雷的上述见解。

---

① 《俄国社会民主党人抗议书》。《列宁全集》第 4 卷，人民出版社 1958 年版，第 152 页。

圣西门、傅立叶和欧文这三大空想社会主义者，都把按照社会主义协作的方式来组织生产看作一项首要任务。他们力图通过提高劳动生产率的途径来消除社会的贫困，从而达到改善社会全体成员的生活的目的，而格雷却从深受市场价格波动之苦的小生产者的利益出发，把组织流通摆在首要的地位。他认为，"只有彻底改革商业制度才有可能使人们得到重大的福利"（见本书第65页）。正是这一种观点促使格雷后来在《社会制度》一书中提出"劳动货币"的学说，企图在不触动所有制的基础上用"劳动货币"来克服商品销售的困难，消除所谓货币对于商品的权力。

不过，格雷上述的错误见解，在《人类幸福论》中还不曾形成有系统的理论。在这本书里占主导地位的，是对于资本主义制度的批评和对人剥削人的现象的揭露。正是基于这一个理由，格雷的《人类幸福论》一直被看作是英国早期空想社会主义的一本优秀著作。

郭一民

1963年7月

目　　录

原　　序

下面这篇文章是论文集的第一篇，这些论文将每隔两个月左右发表一篇。这里讨论的一些问题，可能是依据跟整个教育制度向目前这一代人灌输的观念很不一致的观点来加以探讨的。因此，在那些尚未形成与自己青年时代的最初印象相反的任何观点的人看来，也许会觉得我们的见解是错误的。不过我们要问一下，上述见解果真是错误的吗？我们和传统观点不同的地方，主要在以下的方面：在旧社会，人们受人尊敬的程度，是按照他们依靠自己拥有的财产能支配别人的劳动的程度而定的。懒惰和不做事，无疑是受尊敬所必需的东西；人们受人鄙视的程度，是按照他们为有益的目的所贡献劳动的程度而定的。在新社会中，情形恰巧相反，我们愿向所有的人保证重视他们对社会的服务，我们愿按照人们为人类幸福带来的利益而给予他们尊敬，我们重视的并不是金钱，而是能改善人类体力、道德和智力状况的每一样东西。

引　论

有一种我们赖以出生在世界上的力量，使人产生了要和别人联合起来的愿望，假如这是一个明显的事实的话，那么这就表明，社会是人类的自然状态。因此，如果社会上发生极端有害的混乱现象，如果有人得到一种可使其他各种人遭受残酷压迫的权力，那么这就表明，要么就是上帝创造人是要他们受苦，要么就是人们还没有认识到使人类社会变成幸福社会所应依据的那些原则。

假如人们从来没有过社会生活，那么他们的状况与其他生物就未必会有什么不同。他们从事一切工作就只是为了满足自己基本的自然需要。由于每一个人只能拥有他靠自己的劳动习惯所得到的东西，因此，他所得到的东西是很少很少的，甚至连生活必需品方面也是如此。人们的积蓄本身无论如何都不可能改善自己的状况。然而，人类所独有的互相交换劳动的意向，是使他们能够不可比拟地超过一切无知生物的首要原因。

既然只是由于交换的缘故，才产生了一种使个别的人能够强制地统治人民的力量，那么为什么我们经常把我们的痛苦归咎于政府的错误呢？请希望别人得到幸福的人们在这里想一想，好好地考虑一下吧！请他们牢牢记住这样一个事实：交换而且只有交换才是社会的基础，人们之间其他的一切关系全都是建立在这个基础上的！请他们首先记住这个事实的全部重要意义。如果他们能够摆脱偏见，把自己原先对人类贫困的原因所持的结论丢开一刹那，如果他们愿意耐心地、仔细地分析目前的商业制度，那么他们就能在这个制度中找到造成人类本性某些可怕缺陷的原因。

慈善家经常企图用抓后果的方法来改善他人的生活状况，这是徒然的。要使社会得到长期的好处，需要注意原因。然而我们的各种计划主要只是用不彻底的措施来消除贫困。我们企图依靠各种各样的慈善机构的帮助来克服社会上的困苦，而这些慈善机构虽然表明了它们的善良的愿望，但同样也表明了它们的无知；然而这种企图是徒然的。但愿能够建立起消除产生人类灾难的原因的社会：这种社会不是给予贫乏的人以帮助，而是消除了贫乏的原因；这种社会并不用金钱来帮助穷人，而是消除了穷苦的原因；这种社会并不去捕捉小偷，而是消除了对偷盗的一切诱惑；这种社会的主要的目的是在所有的人中间平分幸福的好处，和睦地、和平地、一心一德地把人们联合起来。只要能出现建立在这个原则上的社会，它就不再需要任何的帮助；它的成就将是这样的：经过不多几年以后，一切慈善机构，不管是什么性质的，不管它们的目的是什么，都将永远关闭。

大自然的创造者——不管我们叫他什么——把自己的特性赋予了他所创造的一切东西。只有了解这些特性，重视这些特性，我们才能够使这些东西达到完善的程度，或者使它们接近完善的程度。他使植物具有自己的特性，因此在照料植物的时候，我们就要注意每一种植物的特点，就要在我们的知识和技艺可能的范围内，保证每一种植物能得到它所需要的土壤、特殊的地势和温度。因为我们知道，试图叫它按照我们的意见去适应另外一种土壤、地势或温度，将会白费力气。创造者使人类也具有自己的特性、自己的自然权利和使用这些权利的意向，因此如果我们想使人类达到按其天性所能达到的完善程度，或者至少接近这种完善的程度，那么我们就应当使人类的一切规章制度能适应他们的天性。因为经验经常能够充分证明，我们不可能任性地用规章制度去束缚人类的天性而不破坏他们的幸福。使人类的天性服从于跟它相矛盾的法律、规章和习惯的企图，纵然不是使人类遭受灾难的唯一的根源，但也是主要的根源。在这方面没有进行彻底改革以前，促使人类幸福的任何尝试都不会有什么结果。

我们知道得非常清楚，社会上一部分无知的人把那些赞成欧文的计划的人称做热心家；而欧文本人在这些人看来如果不是疯子，便是空想家。我们试着来说明人们对他产生这种看法的原因，并且对概然性的问题稍微说几句话。

未必会有两种东西相互之间的区别比实际概然性和可能的概然性之间的区别更大：前者取决于某件事物的实际可实现性，后者取决于对事物的基础的认识。

只有不可能用一定的原因加以解释的事物才是完全不可置信的。譬如，如果有人说，圣保罗教堂明年会自动搬到另一个地方去，这是完全不可置信的，因为谁也不能想象它有进行这样事情的力量，而没有这种力量，自动迁移地方是不可能的。

随着认识事物的困难逐渐减少，事物的可能性便变得越来越大了。

譬如，如果有人对我们说，他发明了一种东西，利用这种东西他能够在空中行动就像在水中行动那样的方便，那么对这种说法我们就不会持有像对待上面的例子那样的态度了，因为我们已经知道了能够促使在这方面迈出第一步的那种力量。但是由于我们不知道用什么方法能逆风行进，因此我们无论如何也不能完全相信这种说法，除非让我们看到一种我们能赖以在空中朝着我们所希望的任何方向行进的新发明的力量。

如果有一件事情，促使它产生的某种力量是容易解释清楚的话，那么这件事情就完全具有可能性。例如，我们能毫不怀疑地提出下面的说法，因为我们能证明它的正确性："每一个英国人都有可能得到一切生活舒适品。"在这种情况下，我们知道有一种力量，它使我们有可能创造出足够的生活舒适品，甚至比满足社会上每一个成员所希望得到的数量多两倍的生活舒适品。我们知道，所有的人都愿意得到这些生活舒适品，只要他们能够得到的话。我们知道至今阻碍着广大群众得到这些生活舒适品的原因，并且将在这几篇论文中加以充分的说明；我们还知道，用什么方法能够消除这个原因。我们有着取得财富的意愿；我们有着创造财富的力量，我们知道各种计划，使财富的分配能导致预期的结果。

然而这种说法必然会受到怀疑；如果不是这样，那才值得奇怪呢！因为我们可以毫不夸大地说，一百个人里面有九十九个人的见解是与刚才所说的概然性的要求或其他明智的原理不一致，而只同先例相符。可是哪儿有物质福利和财富均等的先例呢？

当我们听到一件新的、完全出乎意料的事情时，我们最初的感觉是惊奇；这种惊奇的力量，经常正好跟我们听到的事情与以前已经存在的、以前听到的或预期的事情之间差别的大小成正比。但

是当我们的惊奇心稍稍淡薄下去以后，那么第一个问题将是："这是怎样发生的呢？"或者是（如果这仅是一个例外的话）："这怎么能发生呢？"如果我们后来明白，它的原因是与结果相符合的，我们就相信这件事，否则就不相信。因此，如果上面所说的是正确的（我们不怕任何反驳），那么很明显，要认识过去没有先例的结果，首先必须了解产生这种结果的力量，然后才能使我们觉得它是可能的。因此，假如欧文的计划现在为大家所欢迎，那才真正值得奇怪。因为要在实际上得到一致的同意，它首先要被大家所理解。现在一千个人里面没有一个人能够理解他在其中生长和受教育的现有的制度。在这样的情况下，甚至一万个人里面会有一个人理解欧文主张的制度吗？然而尽管这样，有无数人对问题甚至没有作过一分钟的考虑，却指摘它是空想的、荒谬的。这唯一的原因，就在于人们一般都是受先例支配的；没有先例，直接就表明它是不可置信的。在我们从来没有听到过气球的事情，也从来没有想到过气球的事情之前，如果有人说，它比空气更轻，能上升到比天上的云更高的地方，大家就会把他当作疯子。即使有某种论点能够完全证实他的意见，也只会有少数人愿意接受。

如果真是这样，那么人们在听到新的结果可能由新的情况所引起之后，要是他们并不通过揭示新说法与实际现实之间的区别的途径来作出自己的判断，而是问："这件事是由一种什么样的力量促成的？"然后只是在研究的基础上决定原因与结果是否相适应，这样，他们的行为就会明智得多。这是对待事物的唯一明智的方法。然而广大群众从来并不努力去掌握这种方法。这就是社会舆论对新事物的看法经常不正确的原因，而且仅是由于这个原因，欧文才会被人称做空想家，这些人不是过于懒惰，不想去分析他的计划，便是没有能力去理解这个计划。

在开始研究人类幸福问题的时候，在分析问题的细节以前，先简单地研究一下它的实质，也许是有好处的。这的确非常重要：因为如果我们对所追求的目的没有一个明确的概念，那么我们就不能决定采取什么手段来达到这个目的。因此我们要来确定一个标准，以便使我们能够用来判断人类的目的。

我们并不把“幸福”的概念用于非生物，因为它们是什么也感觉不到的：它们既不会感到快乐，也不会感到悲痛。它们既不会笑，也不会高兴，因为它们是没有感觉的。由此可见，感觉是幸福和不幸的媒介；幸福存在于通过感觉的媒介作用而给予我们的愉快的印象之中，不幸则是由于不愉快的印象而生的：我们感受幸福的程度，是受到我们的天性所能接受的愉快感觉的强度和数量的限制。

假定有一种生物，它与植物的区别仅在于它具有一种感觉——嗅觉。如果它从外界得到的印象与人们借助于同样的感觉所得到的一样，那么该生物的幸福仅在于愉快地使用这一个器官。然而这种幸福是非常有限的。它无法与除嗅觉外还拥有听觉的生物的幸福相比，因为后者能接受数量较多的愉快感觉，能达到较高的幸福程度。

如果除此以外还有其他的感官，那么，每一种感官都有可能接受千百种愉快的感觉，而对于这些感觉，我们上面提到的那种生物是丝毫也不会感受得到的。

很明显，幸福在于接受愉快的感觉，幸福的大小是由我们的天性所能接受的感觉的强度和数量决定的。

因此，一个受过脑力劳动锻炼的、有修养的人，他的性格还因受到爱情和友谊的陶冶而变得更加温和，他就能比一个仅有感性的人达到更加高度的快乐和内心的满足，而仅有感性的人的愉快则仅限于肉体的享乐。

但是由于感觉本身是被动的，它对于影响它的外界环境没有任何权力，因此我们必须研究那些能够促进幸福的环境。

每一个人都有自己独特的性格，不同的人的性格是各不相同的，虽然这种区别并不在于构成性格的因素不同，而是在于这些因素的力量强弱不同。这就造成了我们在才能上和爱好上的自然的区别。我们现在要解决的问题是：为了能达到幸福，或者换句话说，为了得到最大数量的愉快感觉和最小数量的不愉快感觉，为了只按照那些互相协调的爱好行事，为了保存并在可能条件下加强这些爱好的力量，为了消除我们做了会遭受痛苦的一切事情，我们应当怎样来支配我们的才能和爱好呢？

要是人们真的愿意明白，只有最后能带来善行的东西才是正确的，带来罪恶的是不正确的，善和恶之间的区别，仅在于前者增加人类幸福，而后者减少人类幸福——要是人们愿意明白这一点，那么他们在自己一生的任何场合都掌握了处世良方。

罪恶产生于对欲望的不加约束的纵容；适度的满足能给我们带来快乐，而对这种快乐的回忆却会使我们不知节制。

酗酒是一种罪恶，因为它是与身体健康以及智能的充分运用不相容的。不诚实是一种罪恶，因为它是与可以总称为财富的享受资料不相容的。

然而，如果我们的爱好不够强烈，不能使我们在它的满足中找到乐趣，那么即使协调地运用我们的才能也不可能产生多大的幸福：需要防止过度。如果我们老是不断地吃东西，从来不知道什么叫饥饿，食物就不能使我们产生快乐。为了要享受乐趣，我们必须防止这种过度。

用不着进一步证明也很清楚，要得到幸福，就必须把得不到满足便会带来痛苦的一切欲望连根铲除。有了欲望而自己又不能使它得到满足，这对我们说来当然是很可悲的。

然而，我们经常听到这样的意见：幸福在于对某种东西的追求，而并不在于拥有它。的确，在目前的社会制度下，人不是明智的生物。他还没有学会理解自己的天性并且按照自己的天性来行事，他没有学会在能找到幸福的地方去寻找自己的幸福：他的一切才能都被带入错误的轨道。因此，他把自己的精力耗费于取得那些（他的理智能告诉他什么！）不能带来任何真正满足的东西！

请看看我们的社会教育机构，并且请告诉我们，有哪一个机构能为人类的才能指出明智的方向呢？难道它们不是把青年的思想引向战争和谋杀的邪念吗？因此，千百万人被怂恿去当兵：在人们心中煽起了虚荣心，这种虚荣心使人在消灭别人的事业方面寻求自己的幸福！当他把自己一生中的大好时光贡献给这种使命之后，最后他会高声长叹："一切都是空中楼阁，一切都是过眼烟云！"

然而，绝大部分人被怂恿在追求财富中去找寻幸福。但是由于他们从来没有懂得怎样正确地使用财富，因此财富经常给他们带来麻烦。

认为幸福只在于追求某种东西而并不在于占有它，这种观点是建筑在错误的基础上的。我们中间哪一个人在濒于饿死和渴死的时候，会在谋取食物和饮料时比享用它们时得到更大的乐趣呢？我们中间哪一个人在恶劣的天气中被雨淋得浑身透湿、并且冻得发僵的时候，会在找寻壁炉时比享受它的惬意的温暖得到更大的快乐呢？我们中间有什么人在做过一件好事以后没有得到快乐，反而感到失望呢？

因此，必须消除认为幸福仅存在于概念中的错误见解！我们今后将要在依照理智的嘱咐能找到它的地方去找寻幸福。我们要学会正确地认清一切事物的价值，不要愚弄自己，不要去追逐泡影，因为泡影是会破灭的，会给我们带来失望！

由此可见，幸福——人类一切企求的最终目的——在我们的自然需要没有得到满足以前，是无法达到的。因此我们首先要研究后者的本质。

人的需要有两种：一种是作为有生命的生物所固有的需要；一种是作为有理智的生物所特有的需要。第二种需要本身又可以分成两类：一类是随着人的诞生而一起产生的，是与人不可分割的；另一类是由于教育、习惯、周围的人们的榜样或影响而获得的。至于后面这些需要，最重要的是人们必须只获得那些与天性赋予他们的需要相协调的东西。关于这些东西这里不预备多说，因为它们是随周围的各种条件而转移的，没有固定的形式。至于第一种需要，很明显，人作为有生命的生物需要食物、衣服和住房；他所处的地位必须使他有可能养活自己，如果他有家庭的话，还要养活自己的家庭；他必须能够以适度的劳力做到这一点，并且毫不担心自己的努力会达不到期待的目的。身体健康和力气是获得幸福所必需的重要条件；它们是与过度的体力劳动和脑力的高度紧张不相容的。人的精神需要表现在他的求知欲上。人的天性使所有的人都具有求知欲；然而我们要在精神上得到幸福，那么必须使智慧的种子——求知欲——开花结果，否则它会白白埋在那里，得不到什么益处。人类追求的伟大目的在于满足这些需要。我们要研究，我们的努力对满足这些需要究竟适合到怎样的程度；因为如果它们已经明智地、合理地得到了满足，那么欧文提出的新制度就可以用不着了。

我们请求读者首先和我们一起来分析目前占统治地位的商业制度，它的重大任务是要保证人们能得到食物、衣服和住房。

对社会的一般概述

生活所必需的一切东西，能使生活愉快和舒适的一切东西，都是人类的劳动创造出来的。第一种是用于翻耕土地的劳动；第二种是为解决生活需要而使土地生长出果实并使之适合于生活需要的劳动；第三种是用于分配以上两种劳动的产品的劳动。这是人生最重要的三件工作。此外还有三件工作：社会的管理或保安工作，教育和娱乐，以及医务工作。社会的每一个不参加前面两种工作之一的成员，是社会的非生产者。社会的每一个非生产者都是对生产阶级所征收的直接税。社会的每一个非生产者，如果他对自己所消费的东西不给予补偿，都是无用的成员。

这是一些十分明显和重要的真理，任何一个明智的人略经考虑都应当相信。因此，我们对人类的活动，除了用把它和这个真理对照的方法以外，不可能有更好的评判方法。

现在我们请读者看一下对1812年英国全国居民分类的一般概述。这些资料，我们要感谢1814年科胡恩(Colquhoun)发表的有高度价值和内容丰富的统计著作。不能认为科胡恩的原理完全没有错误，不过我们的目的只在于说明我们所遵循的基本原则；即使我们从科胡恩的著作中引录的资料不够精确，甚至有数百万的差额，它还是能相当明显地表明目前的制度的性质。

图表中列出1812年大不列颠和爱尔兰全体居民的成分并指出每一个阶级的收入。图表中把既是非生产者而又是社会无用成员的人，单独分列出来。

编号	等级和地位	大约人数	每个阶级的总收入（英镑）	每一个男人、妇女、儿童（包括仆人）的年度收入（英镑）	社会无用成员的大约人数	无用阶级的收入（英镑）
1	2	3	4	5	6	7
	王　室					
1.	国王、王后及他们的公主	50	146 000	2 920	—	—
2.	摄政王、太子妃和查罗德公主	50	172 000	3 440	—	—
3.	王族中的其余王子和公主	200	183 000	915	—	—
	高级贵族					
4.	世俗贵族（包括自己有贵族称号的妇女）	12 900	5 160 000	400	12 900	5 160 000
5.	教会贵族或主教	720	240 480	334	720	240 480

续表

编号	等级和地位	大约人数	每个阶级的总收入（英镑）	每一个男人、妇女、儿童（包括仆人）的年度收入（英镑）	社会无用成员的大约人数	无用阶级的收入（英镑）
1	2	3	4	5	6	7
	下级贵族					
6.	二等男爵	12 915	3 022 100	234	12 915	3 022 110
7.	骑士及其扈从	110 000	22 000 000	200	110 000	22 000 000
8.	有固定收入的绅士和夫人	280 000	28 000 000	100	280 000	28 000 000
	国家机构和财政机关					
9.	高级文职人员	24 500	3 430 000	140	12 250	1 715 000
10.	下级文职人员	90 000	5 400 000	60	45 000	2 700 000
	陆　军					
11.	军官，包括外科医生、军需官、工程师、炮兵军官、参谋等	40 000	4 200 000	40	20 000	2 100 000
12.	正规军和民兵的普通士兵，包括军士、炮兵和工兵	450 000	9 800 000	9	225 000	4 900 000
	海　军					
13.	海军军官、外科医生、财务员等	25 000	2 095 000	50	12 500	1 047 500
14.	军舰和商船上的海员	320 000	7 204 680	10	160 000	3 602 340
	领取一半薪金者等等					

续表

编号	等级和地位	大约人数	每个阶级的总收入（英镑）	每一个男人、妇女、儿童（包括仆人）的年度收入（英镑）	社会无用成员的大约人数	无用阶级的收入（英镑）
1	2	3	4	5	6	7
15.	领取一半薪金的退伍军官、海陆军医生，领取养老金或抚恤金的年老军官、退伍的军队教士、军官的寡妇孤儿	14 500	856 600	20	—	—
	领取退休金者					
16.	契尔西残废院领取退休金者，格林威治、契特姆等残废院领取退休金者（住院的和不住院的）	92 000	630 000	4	—	—
17.	上述领取退休金者除退休金外另有收入者	—	420 000	2	—	—
	僧　侣					
18.	高级僧侣	9 000	1 080 000	120	9 000	1 080 000
19.	下级僧侣	87 500	3 500 000	40	—	—
	司法系统					
20.	法官、律师、诉讼代理人，办事员等	95 000	7 600 000	80	95 000	7 600 000
	医药界					
21.	医生、外科医生、药剂师等	90 000	5 400 000	60	—	—

续表

编号	等级和地位	大约人数	每个阶级的总收入（英镑）	每一个男人、妇女、儿童（包括仆人）的年度收入（英镑）	社会无用成员的大约人数	无用阶级的收入（英镑）
1	2	3	4	5	6	7
	艺术界					
22.	艺术家、雕塑家、雕刻家等	25 000	1 400 000	56	—	—
	农业、矿场等					
23.	大土地所有者	385 000	19 250 000	50	385 000	19 250 000
24.	小土地所有者	1 050 000	21 000 000	20	525 000	10 500 000
25.	承租人	1 540 000	33 600 000	22	770 000	16 800 000
26.	在田地、矿井、矿场工作的工人，包括女工	3 154 142	33 396 795	11	—	—
	对外贸易、航运、工业和商业部门					
27.	大商人、银行家等	35 000	9 100 000	260	26 250	6 825 000
28.	进行海外贸易的较大商人（包括经纪人）	159 000	18 354 000	112	119 700	13 765 500
29.	利用技艺和资本当工程师、土地测量员、承包人等的人	43 500	—	60	32 625	1 957 500
30.	把资本用于建造和修理海船、帆船等的人	3 000	402 000	134	1 500	201 000
31.	货船的所有主	43 750	5 250 000	120	43 750	5 250 000

续表

编号	等级和地位	大约人数	每个阶级的总收入（英镑）	每一个男人、妇女、儿童（包括仆人）的年度收入（英镑）	社会无用成员的大约人数	无用阶级的收入（英镑）
1	2	3	4	5	6	7
32.	商船、渔业、江河、运河上的水运工人等	400 000	8 100 000	11	—	—
33.	在各部门投资的工厂老板，这些部门有：棉、毛、亚麻、大麻、皮革、玻璃、陶器、金、银、锌、铜、铁、钢和其他金属、丝、纸、书籍、火药、绘画颜料、染料等、啤酒、黑啤酒、蒸馏饮料、糖果、蜡烛、油、烟草、鼻烟等	264 000	35 376 000	134	176 000	23 584 000
34.	大批发商	5 400	723 600	134	2 700	361 800
35.	小店主和零售商	700 000	28 000 000	40	466 666	18 666 666
36.	利用资本当裁缝、女裁缝，或生产服装材料的人等	218 750	7 875 000	36	—	—
37.	商人、工厂老板、小店主的办事员和伙计等	262 500	6 750 000	14	131 250	3 375 000
38.	旅馆老板，有出售麦酒和啤酒的营业执照的饭馆老板等	437 500	8 750 000	14	268 750	4 375 000

续表

编号	等级和地位	大约人数	每个阶级的总收入（英镑）	每一个男人、妇女、儿童（包括仆人）的年度收入（英镑）	社会无用成员的大约人数	无用阶级的收入（英镑）
1	2	3	4	5	6	7
39.	制伞工匠、丝带生产者、刺绣女工、家庭纺纱工、洗衣女工等	150 000	3 500 000	12	—	—
40.	手艺匠以及各种工厂、工程和企业中的工人	4 343 389	49 054 752	11	—	—
41.	有营业执照和无营业执照的小贩、货郎	5 600	63 000	11	5 600	63 000
	教育青年的大学和中小学					
42.	在大学和高等学校教育青年的人	3 496	524 400	150	—	—
43.	从事教育男女青年的工作并通常为这种工作使用资本的人	210 000	7 140 000	34	—	—
	其　他					
44.	各教派的教士，云游四海的传教士	20 000	500 000	25	—	—
45.	从事戏剧工作的人，在剧场和音乐会当乐师的人等	3 500	175 000	50	—	—
46.	开设疯人院的人	700	35 000	50	—	—

续表

编号	等级和地位	大约人数	每个阶级的总收入（英镑）	每一个男人、妇女、儿童（包括仆人）的年度收入（英镑）	社会无用成员的大约人数	无用阶级的收入（英镑）
1	2	3	4	5	6	7
47.	疯子和精神病患者	4 000	160 000	40	—	—
48.	为债务而被关在监牢内的人	17 500	105 000	6	17 500	105 000
49.	在监牢内和监牢外面的流浪汉、骗子、二流子、小偷、伪币制造者（包括女人和小孩）以及妓女	308 741	3 704 892	12	308 741	3 704 892
50.	上述各组中有补助金或其他来源收入者，孤儿和幼孩的保护人、慈善机构的监督者（大约）	—	5 211 063	—	—	—
	贫　民					
51.	在各种工作中靠自己本身的劳动得到工资者	1 548 400	3 871 000	6	1 161 600	6 000 000
	向教会领取补助金者	—	6 000 000			
		17 096 803	430 521 372	—	5 437 917	217 951 788

这样，1812 年社会上所有阶级的总收入约为 430521372 英镑。首先我们要查明，这个巨大的财产是社会上哪一部分人生产的；然后，如果我们把生产者的实际收入拿来看一看，那么我们就

会对目前起作用的那些原则有一个相当清楚的概念。

编　号①	人　　数	总　收　入	每个人的平均收入
26	3 154 142	33 396 795	11 英镑
32	400 000	8 100 000	
40	4 343 389	49 054 752	
—	7 897 531	90 551 547	—

这个图表概括了生产阶级的总数。

这些数字表明，他们的劳动所生产的全国收入，总数达430521372英镑，除去贫民和领取退休金者生产的四百二十九万一千英镑以外，还有426230372英镑。

这样，生产阶级的每一个男人、每一个妇女和每一个儿童每年的产值几乎达54英镑。然而他们从其中只取得11英镑，也就是说，只取得他们本身的劳动产品的五分之一稍多一些！如果在他们所取得的数目上，即在90551547英镑上，加上付给无用阶级的并且将来有必要也可以储存下来的（我们以后会看到，这是没有必要的）217951788英镑，那么它就会增加到308503335英镑。

这就可以使每一个男人、每一个妇女和每一个儿童每年得到将近40英镑——这一收入就能够绰绰有余地购买到生活上必需的一切东西，并且使生活过得十分愉快；它几乎比1812年大承租人的收入多一倍。必须指出，按照这种计算法，国家每年有四分之一以上的劳动收入是用于抵补管理、领导、监督和分配方面的支

① 按照上面图表中的号码次序。

出。任何一个明智的人都不能认为这个数目还不够。①

有些人和科胡恩一样，认为“贫穷是富有的根源，没有贫穷就不可能有任何富人，不可能有任何讲究的、惬意的生活”，我们向这些人保证，在这几篇论文中将对这个论点给予足够的答复。

我们在这种计算法中并不考虑到国家生产量的增长，因为我们的任务只在于表明目前创造的财富是怎样分配的。因此生产阶级的收入假定有所提高，就必然要引起其他阶级的收入相应地降低。不过实际上不会有这种事情。依靠我们提出的新的措施，一切限制生产的情况将完全被消除，因此一切可以称作财富的东西马上能为所有的人得到。我们这里所指的那些情况，将在后面作明确的说明。

① 上面所引的图表的主要目的，在于表明国家的产品现在是怎样分配的。由于每个阶级的人数不等，因此不同阶级之间的收入的差别要比骤然看到的差别大得多。

例如，我们看到1812年生产阶级每个成员的收入是11英镑，王室每个成员的收入是2 920英镑。前者，每个家庭的平均人数大约是4 $\frac{1}{4}$人，后者，包括仆人共有50人。这样，前者一个家庭的家长所能支配的收入为47英镑，后者约146 000英镑。因此，后者的收入几乎是前者的3 000倍。但是，如果我们不去分析上层阶级，那么这方面的差别要显得小一些。高级贵族每个家庭的平均人数为25人，二等男爵和主教每个家庭的平均人数约为15人，骑士及其扈从每个家庭的平均人数约为10人。其余的大概在4人到6人之间。

要查明生产阶级在他们亲手生产出来的产品中实际上取得多少，这是一件最困难的事情。我们责备目前的制度从社会有用成员的手里剥夺了他们4/5的劳动产品，非常可能我们对它的罪恶的谴责比它应得的要轻得多。按照有些人的说法，生产阶级只得到1/24，另外一些人认为他们只得到1/15：总之，我们说他们得到1/5是一个非常适中的看法。但是由于我们的主要目的在于说明目前的制度的基础，即使这个较适中的假定我们也觉得完全足够了。我们宁愿采用这个假定，因为这使我们有可能向读者们提供能够证实我们的观点的计算法，照我们看来，这种计算法更能说服任何一个愿意了解这种观点的明智的人。

现在我们简单地对社会上每一个阶级一一加以分析，并且指出我们把5 437 917人，即1/3以上的居民称作社会无用成员的理由。同时我们希望，在我们没有把整个主题阐明以前暂时不要来评判这种见解是否正确；等到把主题阐明的时候人人都会看到，问题只在于：“国家四分之一的年产值用于抵补管理、领导、监督和分配方面的必要支出是否足够？”

图表中的1、2、3——国王和王室中的其他成员。他们是社会的非生产者。我们把他们列入有用阶级；不过我们要请其他的人指出，他们是怎样补偿他们所消费的东西的。

4、5、6、7、8——高级贵族、下级贵族、骑士、绅士和夫人。他们所有的人都是社会的非生产者，由于他们对自己所消费的东西并不给予任何补偿，因此我们不能把他们列入有用阶级。然而任何人都不能因此而责备他们，或者对他们怀有丝毫敌意。我们并不在于指摘人，而在于批评制度：我们在这方面要表明的是制度。上层阶级生长在这种不公平的制度下，并且被教导遵守这种制度，这不是他们的罪过，而是他们的不幸；况且他们大部分人对他们所处的地位毫无所知。

9、10——国家机构和财政机关：担任各种文职的人。他们所有的人都是社会的非生产者，他们绝大部分并不带来利益。因为他们成千累万的人只拿取薪金而无所事事，另外还有成千累万的人拿了薪金却在干坏事：阻挡人类去享用他们可以得到的福利。一切掌握禁止权的人都属于这一类。另外还有成千累万的人，他们的工作只是目前错误的商业制度所产生的，也应当归入这一类。我们在任何情况下都不想做得过分，因此尽管这样，我们还是把各种文职人员中的一半人列为社会有用成员。

11、12——陆军。士兵的称号本身就是对人类天性的一种侮辱。这一称号将来会被人忘掉的。与这种职业相联系的荣誉是靠不住的。如果我们为了自卫，哪怕是冒生命的危险也是正义的；然而在没有任何正义的地方就不可能有任何光荣。如果我们去夺取别人的权利，请问正义在哪里呢？然而这却是保卫被损害的权利所必需的前提。人们很喜欢说："有什么事情能比保卫祖国更光荣呢？"他们不说："有什么事情能比夺取和平的人们的权利，在别人中间造成贫困和毁灭更加光荣呢？"但是由于我们不想做得过分，因此我们把一半陆军列入有用阶级。不过在新的制度下陆军和海军可能由全体居民组成；在必要的场合下人们无论在什么时候都能起来保卫自己的国家，而在和平时期则自己养活自己。

13、14——海军。根据上述理由，我们把它列入有用阶级。

15——领取一半薪金者等等。在这个阶级中显然有许多退伍的人和军官的一些寡妇孤儿。很难确定他们中间有多少人能从事有益的职业，因此我们不打算在这方面减少他们的人数。

16、17——契尔西、契特姆等残废院领取退休金者。按照与领取一半薪金者同样的理由，我们在这里对他们略而不谈。

18——高级僧侣。他们加上家属和仆人的人数达十一万六千人。关于宗教这里不预备谈什么：它将在另外的地方加以探讨。

19——下级僧侣。他们执行教堂里的职务。

20——司法系统：法官、律师、诉讼代理人、录事等。我们肯定地认为，这个阶级毫无例外是多余的。我们知道得很清楚，对于在目前的不合理制度下生长和教育出来，因而对这种制度的真正性质甚至从来没有发生过怀疑的人来说，这一点似乎是不可能的事。然而我们也知道，要使全国的所有居民能够得到一切可以称作财富的东西，只需要他们的意志。我们知道，如果所有的人都能得到这样丰裕的东西，他们就能被教育成大家彼此都能和睦相处。我们认为刑罚无论怎样都不能消除犯罪，相反的，它只会经常使犯罪事件增加。我们认为，过去和现在的社会经验都能证实这种看法是正确的：犯罪事件的多少经常是与刑罚的严厉相一致的。我们知道只有一种方法才能使人完全服从：要用始终不渝的善意和毫不动怒的态度来对待他们，向他们说明不良行为在社会中可能引起怎样的后果。我们知道，如果长期这样做的话，一定能收到预期的效果。

因此，对于每一个有“法律家”称号的人我们都抱着一个十分明确的期望，希望他们不久就会不再从别人的不幸中取得自己的收入。

21——医药界：医生、外科医生、药剂师等。在利益一致的制度下，也许不会直接减少这个阶级的人数，但是毫无疑问，它归根到底还是会使他们的人数与居民比较起来相应地减少。过度的奢华和过度的贫穷同样都有害于健康。身体的健康在很大程度上取决于精神的健康。如果能够实行这样的制度：为各阶级居民消除一切经济上的困难，从而消除极度贫困的有害后果，以及一切忧虑和贫乏，那么毫无疑问，一定能促进全国人民的身体健康。有大量的人由于以前过着放荡的生活，身体非常不好，不能一个月离开医生的护理；要是他们不受周围的东西所诱惑，那么非常可能，他们就不会沉湎于放荡的生活之中。我们把所有的医生都列为社会有用成员。

22——艺术家等。在新的制度下艺术家的人数不会减少。国家甚至能给予他们比任何时候都更大的支持。

23——大土地所有者。他们所有的人都是社会的非生产者。他们对自己所消费的东西并不给予任何补偿。他们从地租、利息和投资中得到自己的收入。

24、25——小土地所有者和承租人。他们的工作在许多方面也是这样。他们主要是农业的领导者和监工。虽然他们是社会的非生产者,然而他们是必需的,不过所需要的只是对农业进行领导和监督工作所必需的那样多的人。目前他们的人数比所需要的部分多两倍。因此他们中间至少有一半人应列入社会无用阶级。

26——农业和矿业中的工人。关于他们,我们在最后再谈。

27、28——大商人。他们是社会的非生产者。他们只是在领导对外贸易的工作中才为自己所消费的东西带来某种补偿。目前他们的人数比所需要的多九倍。他们中间至少有四分之三是社会无用成员。

29——利用自己的专业知识和资本当工程师的人等等。在新的制度下,他们中间四分之一的人就可以绰绰有余地完成他们的全部工作。

30——把资本用于造船工作的人等等。投资的人就是食利者。他们是社会的非生产者,只能从事高级的领导工作;然而这项工作他们大多是通过代理人去做。我们把他们中间的一半人列为社会有用成员。

31——货船的所有主。他们是社会的非生产者。他们的全部收入都可以为有益阶级所得。

32——在渔业、江河、运河上替商人工作的水运工人等。从科胡恩的著作里以前提出的资料中可以看到，1812 年捕捉鲸鱼和海豹所得到的钱，除抵补一切费用外，计有 600 000 英镑。公正地说，在属于这个阶级的人中间，有很大一批人应当算作社会无益的成员，因为他们的大部分劳动产品只用于满足人为的需要，例如，店铺里用的鱼油等。店铺里只是在晚上出售货物时才需要用鱼油点灯，而这些货物本来白天也可以出售。但是由于我们无法确定这些人中间有多少人从事这类工作，所以我们把他们所有的人都列为有益成员。

33——在一切部门中投资的工厂老板。他们是社会的非生产者，只能从事工厂厂长和高级领导的工作。而他们的绝大部分工作是由他们的代理人来做的，因此毫无疑问，他们中间有 1/3 的人就已经足够了。

34——批发商店的主管人。在新的制度下，目前做这种工作的那些人中连 1/10 都不需要。我们可以把他们中间不足半数的人数称为有益成员。

35——小店主和零售商。当然，这些人不是社会的非生产者，因为像目前的零售制度所制造出来的欺骗、谎言、蠢话、谬论、压制体力和出卖智能的现象，整个世界上从来没有一种东西能制造出其中的一半。在这一点上，而不是在我们以前所作的定义的意义上，零售商无条件地足以称为生产者。毫无疑问，他们对自己所消费的东西没有给予社会任何补偿。他们的 1/4 或 1/5 的时间用于装饰橱窗，也就是毁坏商品，至少有一半时间用于等待顾客和无所事事。如果有人在伦敦的街道上走过,他只要注意一下就马上会相信,这个阶级中至少有 2/3 的人是多余的。他们的人数并不是由合理地、适当地为城市服务所真正需要的数量确定的,而是由这种工作所能养活的人的数量确定的。目前的社会状态必然产生的这一种情况,已足以使每一个有思考能力的人看到我们目前的商业制度中存在着根本的错误。到什么时候人们才能擦亮自己的眼睛,看到一切的商人,从大商贾到菜贩,只会瓜分财富,只会从创造者的劳动中取得自己服务的报酬?到什么时候人们才会明白,从社会的观点来看,在有一个商人就能应付工作的地方有着三个商人,正像旅馆老板在有一个服务员已能招待旅客的场合雇了三个服务员一样,是多么的不合理、愚蠢和可笑?!

36——利用资本当男女服装的裁缝的人等。由于在新的制度下这些阶级的工作规模会惊人地扩大,我们把他们列为社会有益的成员,虽然在目前的情况下他们的人数大大地超过了所能找到工作的数量。

37——办事员和伙计。在具有一致利益的制度下,只需要少数这样的人;他们中间至少有一半人应当另找更加合适的工作。

38——旅馆老板和饭馆老板。在新的制度下,而且是在完全不同的方式下,这个阶级有一半人是多余的。

39——制伞工匠等。他们的人数不会减少。

40——手艺匠和工人等。我们把他们同第 26 号一样看待。

41——小贩等。这些人只会带来害处,完全没有益处。

42、43——教育男女青年的大学和中小学。它们太少了!

44——各教派的教士、云游四海的传教士。这些人至少竭力想补偿自己所消费的东西。

45——从事戏剧工作的人。新的制度能为这个阶级中的贫困成员提供更加轻松和更加舒适的生活方式。

46——开设疯人院的人。奇怪的是目前的制度造成的发疯的人比较上还不算多。无疑地，这个阶级的人数并不过多。

47——疯子。我们不能把这些不幸的人称为社会有益的成员，也不能把他们算作是有可能从事有益工作的人。

48——为债务而被关在监牢内的人。

这是目前的制度的一个很好的例子！起先我们使一万七千五百人负债，然后把他们关进监牢，使他们无法摆脱债务。

49——流浪汉、骗子、伪币制造者、妓女等，共有三十万八千七百四十一人。这是目前制度可悲的后果。采取预防的措施甚至可能使这个阶级的名称永远消失。

50——其他各类人。这个阶级包括的人是多种多样的，因此我们不再去分析他们。

51——贫民，他们用自己的劳动创造三百八十七万一千英镑的价值，并且向教会领取约六百万英镑的补助金。由于这个阶级很明显地创造大量的物质，不能把他们全部列为社会无益的成员，因此我们只把他们中间四分之三的人数列为无益的成员。

在接下去分析生产阶级以前，我们再一次坚决地声明，我们认为上面的意见并不具有特别重大的意义，因为这些意见只涉及每一个阶级个别的情况。我们只是想一般地说明，劳动者的劳动果实现在是怎样被浪费掉的，以及被哪些阶级所浪费掉的。问题的性质不允许在细节上作精确的估计；但是在总的方面我们不怕任何的反驳。问题非常简单："国家四分之一的收入够不够抵补管理、领导、最高监督和分配方面的必要支出？"

26 和 40——从事农业和矿业的工人；手艺匠以及各种工厂、工程和企业中的工人。

我们现在所谈的是**劳动**阶级，我们把他们全体列为社会有益的成员，虽然他们中间有许多人严格说来并不是这样的。把辛勤工作的人称做社会无益成员初看起来会觉得奇怪。然而只要更加仔细地分析一下就能清楚地表明，在许多场合，财产上的惊人的悬殊迫使他们成为这样的人。

如果一个人以前过着俭朴的生活，后来有了巨大的产业，他不久开始觉得（我们说的是一个普通人的行为方式）自己住的房子太小和太简陋了。他买了一所庄园，为了体面和享乐起见，他还在城里买了一幢房屋。以前只要一个仆人就能应付他的全部工作，现在他为每一种工作都专门雇用一个人，还请了许多不做任何工作的人；他在乡下和城里都有管家、看管酒窖的人和他的帮手、侍仆、马车夫、马夫、仆役、厨司、专做点心的厨司和账房，还为太太小姐雇用了女仆、婢女和女伴等等。有巨大产业的人们通常是怎样花费自己的金钱的？他们花费得合理吗？他们不是把绝大部分金钱花费在讲究漂亮、华丽和奢侈上吗？请看看贵族及其侍从的家庭开支吧；请看看他们的花园、猎场、马车、马和狗所需要的费用吧；此外，再加上用于购买妇女的服装和一切奢侈品上的庞大费用。这些奢侈品如：温室里培养出来的水果和蔬菜，不近情理地讲究好食品——鱼如果价钱便宜，就不能吃，总之一句，一切不是用极高的价格买来的食品，我国的贵族都不吃。有人说，这一切"对商业是有好处的”，在目前的制度下的确如此。但是，如果我们看到奢侈和过度挥霍——现在社会所依据的原则的后果——被当作是美德，一个明智的人能认为社会赖以建立的原则是正确的吗？难道我们真的相信，我们浪费的东西愈多，我们拥有的东西也愈多吗？难道我们将永远认为，一个把成千累万金钱花费于满足某种不合理的古怪要求的人，由于使钱币能在商人之间周转，从而让一批工人有工作可做，因而说他的行为是很对的吗？从事这种工作的每一个工人都是社会无益的成员，因为他们的劳动产品是无益的，结果他们就成了对从事有益工作的生产工人的所征收的一种直接税！这种情况一定会终止的；这种制度不仅不合理和有害，而且也不合乎健康！

我们很清楚，如果一个人的产品本身是无益的，他就是社会的无益成员，不过我们想把这些问题研究得更深入一些；我们最好用例子来说明。我们要举一个例子，它能大大地帮助我们理解目前的社会状态。

花边工业现在在英国达到了非常完善的程度。在某些场合一件连衫裙值 100 基尼[①]或 100 基尼以上，也就是说，它可能确实要一个劳动者花费这么多的时间和劳动；如果缝制这件衣服的人用较低的价格出售，他就不能得到适当的补偿。缝制这种衣服的生产者在他从事这种工作的时期内，他的家庭靠他的劳动得到了生活上必需的东西，但我们能因此而称他为社会有益成员吗？当然不能！因为他的劳动产品是花边的连衫裙，它是无益的。它既不

① 英国旧金币名，现在等于 21 先令。——译注

能充饥，又不能解渴，而且也不是有用的服装。缝制这种衣服只是为了满足古怪的要求和引起别人的惊奇。至于它的实际用处，还抵不上一文钱的一块面包或一杯冷水。缝制这种衣服的人所消费的饮料，他所穿的衣服，他所住的房屋，都是别人的劳动产品，不是他自己的劳动产品。因此这种无益的、荒谬的玩意儿只是一种使他有可能依靠别人的劳动而得到一切必需品的巧妙手段。而别人的劳动得到什么呢？花边的连衫裙吗？轿式马车吗？精致的房屋吗？不：只有极少的钱，这笔钱他们只能用来购买他们本身劳动或别人相当劳动的五分之一的产品。我们要问，买这种连衫裙的人付出了什么？他付了100基尼，这笔钱也许是他以地租的形式从农业工人的劳动产品中得到的——从真正属于他本人的财产中，他甚至连一根麦秆的价值也没有付出来！他一文钱也没有付出。工人得到自己的一份微薄的生活必需品，付出了什么呢？他付出了自己1/5的劳动产品，这一部分产品是没有被人剥夺去而留给他自己的。这一部分产品之所以没有被人剥夺去，并不是由于目前的制度保护他不受剥夺，而是由于没有这1/5的部分他就不能生活，不能继续当别人的奴隶！富人实际上什么也没有付出，而得到了一切；穷人实际上付出了一切，却什么也没有得到！

我们恳切地征求每一个正直的人的意见，请他们说一说，这样的社会状态该不该继续存在下去？它与一切基本的公平原则有没有矛盾？我们很愿意认为，罪恶不是由任何一个个别的人和任何一个阶级产生的。我们很愿意承认，对于一个由于他无力判断的情况而偶然处于压迫者地位的人，哪怕怀有一点点的敌意都是非常不公平的。然而在为个人作辩解的时候，我们要谴责制度，并且指出:“不公平是这种制度的主要基础。”

实际上把我们弄到这步田地的,并不是什么过错,而是无知。我们在建立我们的习俗和制度的时候,至今没有注意过一切自然的原则,一切事情都是碰运气去做。这就使我们从一个错误陷入另一个错误,把一切事情都弄得真正混乱不堪,制造出原始状态所没有的无穷的灾害。这种情况早就应该结束了。我们希望,并且我们深信,它结束的日子已经不远了。

从上面的叙述中还可以看到,许多可能成为社会有益成员的工人,目前却在从事无益的工作。这并不是由工作的种类所决定的。木匠、石匠、铁匠、泥水匠、玻璃工、翻砂工以及其他一切行业的工人,不断地从事于建造温室、漂亮的建筑物以及无数类似的东西,这些东西的唯一的目的在于满足富人古怪的要求,满足他们虚假的需要,迎合他们愚蠢的想法。只要财富能平均分配,就不会产生这种情况。一个收入适度的人不可能有任何过分奢侈的行为。一个每年有五百英镑收入的人,不可能每年花费五千英镑去购买价格昂贵的废物;生产阶级也不可能从事无益的劳动,如果没有人拥有这样的财产叫他们去做这种工作的话。

其次,劳动阶级的盈千累万的成员正在从事于创造这样的东西,这些东西在目前的制度下是必不可少的,然而在最初却不能用理性来加以解释:例如,橱窗和商业上需要的许多别的废物。不熟悉这种事情的人,很难想象每年在这上面所浪费的钱是多么的庞大。这些东西是与目前的制度不可分割的附属品。它们是由于商业上剧烈的竞争而产生的,然而它们能带来什么真正的好处呢?他们的好处在于毁坏各种商品。由于这样,商人们不得不在自己的商品上挣更多的钱，以便抵补破损商品和次货造成的损失。很明显，在目前的制度的压力下，甚至生产阶级的许多成员也成了社会无益的成员。

工作对个人幸福的影响

我们试图对目前我国产品的分配情况作一个概括的说明；我们要竭力指出，在目前的社会制度下人们相互之间能提供多少利益。接下去我们还想查明，他们能给自己本身带来多少利益，或者换句话说，他们目前的工作对促进他们的个人幸福究竟有多大的作用。

在分析本题的这一部分的时候，我们不再分别叙述每一个阶级的情况，而是把它们合起来谈。

我们不预备谈论国王和王室，因为他们从小时候起，周围的人们就教会他们把奢华看作是人类最高的美德；我们回过来谈谈上层阶级，再接下去谈那些仅能维持温饱的可怜人。当我们看到他们所有的人的时候，我们觉得没有一种人比所谓独立阶级更值得同情。首先让我们来考察他们的独立性。

对待这个问题，我们现在将毫不客气地、率直地提出自己的意见。因此我们请求大家要把在这方面所谈到的一切看作只是对制度说的，而不是对有关的人们说的。

构成这些独立阶级的人们，依赖于两种情况：第一，别人的爱好劳动；第二，使他们能够统治他人的不公平的制度。

他们依赖于别人的爱好劳动，这是显而易见的。他们所吃的食物，他们所穿的衣服，他们所住的房屋以及房屋内的一切设备和装饰品——简单地说，除了他们呼吸的空气以外，他们所得到的一切东西都依靠人们双手的劳动。不仅如此，他们软弱得甚至连衣服也需要别人帮他们穿！

他们靠面包师烘制面包，肉贩供给肉类。他们靠裁缝缝制衣服，靠仆人和婢女替他们穿衣和脱衣。[①] 如果要对这一阶级的人们找一个适合的名称，那么只有“不独立的”这个名词是最恰当的。他们会说：“诚然，我们深知自己是软弱无力的，不过我们是依靠自己的财产而生活的。”对于这一点我们坚决不同意，并且相反地指出，他们是依靠别人的财产而生活的。

因为这不过是一个事实问题，所以最好用研究财产本质的方法来加以说明。

劳动是一切财产的唯一公平的基础。在最原始的时代，人们把为取得食物而打死的动物看作自己的财产。如果别人夺取他们的猎获物，这被认为是不公平的，这种企图马上会遭到回击。不过我们不必到这样久远的时代去寻找例子，因为在任何社会里，劳动都是财产的唯一的泉源，因而也是它的唯一的基础。毫无疑问，只有在这样的场合，当一件东西是他用自己双手的劳动创造出来的时候，他才有充分的权利说：“这是属于我的。”人的右手是属于他自己的吗？我们肯定说，它属于人的程度不如它的劳动产品呢！

因此很明显，劳动是财产的唯一的基础，任何财产都不外是积

① 请比较库姆著：《旧制度和新制度的比喻》。在写这一段的时候，这本书尚未问世，否则我们就能用他的话来说明上述的论断了。

累的劳动。问题是这样的："我们上面所说的那些人消费的是别人的劳动产品呢，还是消费自己本身的劳动产品？"他们消费的是别人的劳动产品。难道他们用来补偿这种消费的，不是本身就是积累的劳动或者代表积累的劳动的货币吗？难道他们所付的货币是属于他们自己的吗？这货币是他们自己的劳动产品呢，还是别人的劳动产品？他们取得这些货币曾给了什么补偿？他们任何补偿都没有给！因此我们要向那些没有受旧的传统思想影响的人们证明，社会上的这些独立阶级为了起码的生活资料，必然会作出不公平的行为。具有这种称号的人们的收入，大部分来自地租和利息。让我们对这一点略微作比较深入的分析。

首先我们不同意这样的说法，即认为：严格说来，任何人一般都能成为土地的所有者！土地是居住地，不管现在和将来都是全人类的自然遗产。这是属于全人类的居住地，它并不属于任何一个人，所有的人都有同样的权利居住在地面上。要是去问一下土地的所有者，他对自己占有的土地具有什么样的权利，他会给你们看一叠契据，用以证明他所拥有的产业从远古时代起就是他的祖先的财产。但是他的祖先是怎样取得这些财产的呢？他就会回答，用侵占或夺取的方法。但无论哪一种方法都不能使土地成为他们的财产。取得财产的正当方法只有三种：一，创造；二，购买；三，接受别人的赠与（这礼物是该人的财产）。但是很明显，不管是现在的土地所有者或者是他们的祖先都没有创造过土地，而创造土地的人显然也没有特地把土地送给他们或卖给他们。因此，不管他们或者任何其他人都不可能成为任何一盎司土地的所有者。然而土地使用权和占有权却是建立在土地的所有权上面的。这个结论对本题的研究具有重大的意义。

为了说明我们的见解，我们假定，有一批人住在荒岛上。每一个人都会感到，他们对在这个岛上找到的一切果子，每人都有同样一份享受的权利。没有一个人会把没有摘下的果子看作自己的财产，但每一个人会把自己花劳力采集来的果子看作自己的财产。他会感觉到并且知道他对这些果子比他的任何一个同伴都具有更大的权利。同样，这些人中间谁都不会想到把没有开垦的土地称作自己的财产；如果有人想把一部分未开垦的处女地称作自己的，他只会遭人讪笑。但是如果他开垦了这块土地，清除了草木，翻松了土壤，播下了种子，这种子又长成了庄稼；对这些庄稼谁会说"这不是属于他的"呢？每一个人都会明白，这些庄稼跟采集的果子一样是属于他的。因为大家都知道，这是他用劳动创造出来的。对这些庄稼没有人会说："我对它们虽然没有花过一点力气，但是我和那个用劳动创造它们的人一样是它们的所有者。"

从这一观点出发，我们要问，为什么有人竟认为自己有权索取地租呢？称自己为土地所有者是完全没有道理的，正好像说："太阳是属于我的，它给了你光明，因此你应当付给我租金。"土地在人们没有花上劳动以前，它本身是没有任何价值的。只有它的产品才有价值。土地所有者对产品的生产做了些什么呢？什么也没有做！因此我们说，产品的任何部分都不应属于土地所有者。土地本身是他们创造的吗？不！他们把土地开垦得使它适于播种吗？不！他们拿了种子播种过吗？不！他们促使种子生长吗？不！阳光使谷粒成熟是由于他们的原因吗？不！他们把庄稼收割下来放到谷仓里去吗？不！所有这一切工作加在一起不就是创造了粮食吗？是的！既然劳动是财产的唯一基础，既然这财产全部是由别人的劳动创造的，那么在这样的情况下，他们有什么理由要求取得部分产品呢？对于他们所要求取得的这部分产品，他们给予什么补偿呢？他们没有给予任何补偿，因此，如果他们把这种产品据为己有，这就是极大的不公平。产品全部是别人的劳动创造出来的，因此只能是别人的财产。

然而人们却说，产品是属于他们的！的确如此！这怎么会这样的呢？这是靠了力量和习惯占有产品！土地所有者要求取得产品的根据就在这里，而且只能在这里。如果把这一点看成是财产的公平的论据，那么这不就是说，一切偶然在法律上规定的东西都是公平的吗？不就是说财产没有任何自然的基础吗？

但是我们举一个例子，如果一个人由于开垦土地而取得了土地的所有权，后来他愿意把这所有权让给别人。那时候他对改善土地所做过的工作有权取得报酬吗？当然有！当他得到这片土地时，土地是一种质量，现在土地又是一种质量，这就是他应当得到报酬的原因，这报酬也就是使土地达到目前状态所需要花费的肥料和劳动力的价值。

触及国家固定传统的根本，这绝不是一项令人愉快的工作。我们最不赞成采取暴力手段来消除贫困；我们相信，暴力在任何时候都不能达到长期的改善：我们采取的尝试在于说明目前制度的错误，并且提出一个较好的制度。我们不想姑息人们的偏见，而是要指出真理；而且怀有类似意图的人，如果抱着毕恭毕敬的态度来看待一个国家现存的习俗，他就完全不能达到目的。我们不得不把这些习俗称作谬误的制度，这种谬误会产生大量的贫困和人类堕落的现象。因此在我们能够取得大自然为我们准备的礼物以前，我们必须先消除目前的状况；不过，我们再一次指出，这必须在不使用暴力、不破坏任何人的权利的情况下进行。

现在我们回过来谈利息问题——不给予补偿而取得别人的劳动产品的另一种方法，或者换句话说，用虽然合法但不公平的手段叫别人供养自己吃闲饭的方法。我们举一个例子来说明。譬如有一个商业家靠做帽子来积累财富。他所拥有的货币是国家财产的一部分，他用经营事业的方法取得了对它的权利（其中除去他在这段时间中消费的部分）。如果每顶帽子值二十先令，我们假定他积累了一万顶帽子，然而他不想把这些帽子堆积在商店里，把它们保存到破旧，因为这样帽子会变得不值钱的；由于他不能按照自己的愿望把帽子交换其他商品，他就认为把它们变成货币较为合算，因为货币比较不容易失去价值，而且他随时可以用它购买任何商品。我们很想了解这种原则的公平性。根据这种原则，一个有一万顶帽子或一万英镑（代表的价值是一样的）财产的人在四十年、六十年、八十年或一百年之间能够不多不少得到二万、三万或五万顶帽子或英镑，如果他或他的子孙每年花费掉五百英镑，那么这许多年以后他仍能拥有跟原先相同数量的帽子或货币！蜜蜂能够这样吗？蚂蚁能够这样吗？不能！人如果不破坏别人的权利，同样也未必能够这样。

我们再举一个例子。假定有几个人脱离了社会而独自进行工作，每一个人都有一个仓库存放自己的劳动产品。其中有一个人比其余的人更走运，他的仓库里放着满满一仓库产品，于是他对其余的人说："先生们，由于我有大量储存的产品，所以我不愿意再工作了，不过虽然如此，我还要享用自己的一份东西。你们什么也没有积累，因此必须继续工作。你们创造出多少产品我就要享用多少产品。”其余的人当然会把这种话当作一个非常奇怪的建议。然而目前的社会不仅提出这样的建议，而且每年有数百万人这样做，这是多么奇怪啊！

所有拿利息收入的人就是依靠这种性质的公平而生活的。

人们会说，放债要求付给利息只是要求履行经双方同意而订立的契约，这不能称为不公平。然而这并没有回答我们论述的理由。我们所说的并不是关于履行所订契约的义务，而是关于这些契约本身是否公平。如果这契约是由两个人订立的，而他们每个人都是从自己本身的利益出发而订立契约的，那么这契约本身就不可能一定公平。一切公平的契约的基础是劳动量相等。因此，如果有人愿意出双倍的价值来换取某种物品，也许他在法律上有义务履行自己的诺言，但这毫不改变义务本身显然不公平的性质。

但是人们即使承认，靠了放债能够取得利息的习俗，一个人经常收回比借出去的钱多两三倍的钱，然而他们还是会说，对借款人说来，所借的钱和他所还的钱实际上价值是相等的。就算是这样吧。然而在这种情况下总是要涉及第三者。一个生产工人的劳动产品中有一部分被剥夺去作为债主每年的收入了，他在这部分产品中得到些什么呢？什么也没有得到！于是我们要问：一个人是不是他自己劳动产品的当然所有者？如果不是，那么财产一般是建立在什么基础上的？在什么条件下一个人才能说“这件劳动产品是属于我的”呢？如果他的劳动产品是属手他的，那么取了他的这种产品而不给予补偿的那种习俗怎能说是建立在公平的基础之上呢？要么一个人不是自己劳动产品的合理所有者，要么放债索取利息是不公平的。两者无论怎样不可能在公平的基础上统一起来。

如果一个人积累了一份财产，想去休息，那么从他停止为取得自己的生活资料而进行工作的时候起，他的财产应当愈用愈少。同样，蜜蜂夏天在自己的蜂房里储满了蜜，冬天则享用自己劳动的产品。这意味着是依靠自己的财产而生活的。

我们认为，现在已经相当清楚了，社会上的那些独立阶级第一要依靠别人的劳动，第二要依靠使他们能够支配这种劳动的不公平制度。

但就算上层阶层的收入是对财富生产者所征收的一种直接税吧；（我们要问）这些上层阶层本身就有了他们想要得到的一切吗？我们认为并不这样。恰恰是他们都在排除幸福的条件下生活。当然，他们有食物、衣服和住房。但这就怎么样呢？即使他们的衣服是用最好的料子和最好的式样做成的，难道他们就满足了吗？习惯使他们成了吹牛和竞争的工具。

衣服做得最适宜于保护身体，保证身体的健康和舒适，并且能显示出人体真正的优美，难道他们认为这样就足够了吗？不！他们所一心追求的，是所谓“摩登”，以及更正确点可以叫做“疯狂”的东西。衣服不适宜于保护身体是无关紧要的；衣服不合身或者严重影响健康也是无关紧要的；只要它摩登，不管它多么不雅观，都没有关系；这样一来，推行新式样必然就成为人类最伟大的成就。

如果人们把自己的才能及时地用于合理的目的，就能使自己的努力获得真正的满足，而他们本身也能变得明智起来；而现在他们却老是用卑鄙的欺骗行为来愚弄自己，用层出不穷的空洞许诺来对待那些信任自己的人，他们将把自己愚弄到什么时候呢？

即使他们的衣服和住房能符合防止自然现象侵袭的一切要求，能够同样地适应于交际、幽居和家常的需要，他们的住房能够成为公余的休息的地方，难道这样他们就满足了吗？不！它们必须富丽堂皇；它们必须能够表明："我的主人是一个大富翁"，否则它们就没有什么用处！

然而能够否认这些阶级依靠他们的地位可以得到一切的享乐吗？难道他们没有亲戚朋友可使他们有广泛的机会表现出慈善、好客、友爱和同情的美德吗？

我们当然不能否认，他们能够得到可以买到的一切幸福；然而我们不承认，幸福一般都能买得到的。如果不能够把才能和爱好引到正确的方向，那么财富只能给予我们很小的愉快。由于在现在的世界上大家所追求的目的是标新立异，因此不满足就成了它的经常的结果。

富人很愿意从事慈善事业，只要这种方法能够使他们出名，能够使他们在他们亲友中间表现出与众不同。但是如果你想根据不可辩驳的事实使他们相信，他们每年给予社会慈善机构的款项可以这样来使用，以便在不多几年内把生产阶级提高到跟他们同样的或者更高的生活水平，因而以后每年就不再需要他们的捐款，同时要是你请求他们协助你实行这种创举，那时候就会知道，你究竟是在跟什么样的人打交道了。你能从他们那里得到较多的金币来为穷人建造住房,但是却得不到几个分尼[1]用来把下层阶级提高到完全独立和自由的地位。

这一点下层阶层必须靠自己来做,而且他们也正在做着。

上层阶级的爱好难得会朝自然的方向发展。请看他们的婚姻吧!他们中间只有极少数的人能够说:“把我们结合起来的,并不是经常这样严峻的、违反自然和理性的人定的法律;把我们结合起来的乃是相同的看法,这种看法把感情导向和睦的爱情。”

请你设想一下(这并不困难,因为这是我们在现实生活中经常看到的):上层阶级有一个美丽的姑娘,天生有善良的心肠、高尚而爽朗的性格和很高的智慧,这一切本来使她能够到处博得别人的尊敬和喜爱;请你设想一下,这个姑娘后来受到父母的贪婪思想的影响,这种思想竭力摧残她的善良的感情,消灭她的一切动人的、优美的品质,把她变成一个女奴隶即上流社会的玩偶。最后她让步了,被男人的财产所购买。他并不爱她,她更不爱他!一旦黄金梦醒,她认识了他的真正价值,于是可怕的现实就会威胁似地看着她。过去她和丈夫还能勉强相处,现在他们之间的任何一个细小的争执都会使冷淡变成憎恨。在这个时候——如果从前有一个恋人曾向她求过婚的话——她就会懊悔不迭地说:“我大大地错了!”她由于内心的痛苦,就去找些书来看看,想借此来排遣心中的烦闷。然而她不能做到这一点。也许,她偶然看到一两行描写美好爱情的愉快的文字,她就没有勇气再看下去,于是她抛开书,感到抑郁不欢,满心充满绝望的感情……这就是被购买的爱情的不可

[1] 分尼,德国辅币,等于百分之一马克。——译注

比拟的快乐，这就是一半人类的经历！

但是随着岁月的推移，直到最后，经常的斗争终于消灭了她曾经有过的高尚的感情。后来她会对自己过去的痛苦觉得奇怪，把爱情称作孩子的幻想，而自己却来出卖自己孩子的幸福！

既然富人的情况是这样的，那么我们就不必羡慕他们！既然富人出钱购买来的快乐是这样的，那么我们也就不再去责骂这些买主。他们由于受快乐的显然虚假的许诺的欺骗，放走了真实的东西而去追逐影子。相反的，我们将要怀着恻隐之心想到他们，在他们眼前树立真正的快乐的榜样。那时候虚伪就无法达到自己的目的；真理将得到胜利，人类将变得幸福。由此可见，上层阶级中间是很少有幸福的：他们的意图排除了实现幸福的可能性，用冷淡的礼节、表面的华丽和无谓的竞争来代替热忱、内心的满足和合理的享乐。

现在我们再来看看商界，看他们是否处在较好的地位。

这个阶级的特征是最明显的不真诚，体力的不发展，使用心机，以及对别人的不幸漠不关心。我们完全不想责备这些人，我们只是要指出这是人类社会目前的制度的必然结果。

要是一个人的日常工作就是把自己的商品说成比邻人的商品好，他还能真诚吗？难道这不是商人的日常工作吗？同样数量的资本、技能和劳动热情用于制造商品，会创造出大体上同样价值(同样价格)的商品。如果竞争把利润降到最低的限度，那么一个和他的商品同样不出名的新工厂老板，如果不用虚伪的宣传来刺激，怎么能在市场上招徕主顾呢？事实上他没有任何别的可能；尽管人们的良心好坏程度不同，因而他们采用这种手段的方法也各不相同，然而他们总是这样做，而且在目前的商业制度不改变的情况下，他们不得不这样做。

这一点更适合于零售商。市场是同样为所有的人开放的。在资本相同、手腕灵活的程度相同和劳动热情相同的情况下，可以按照同样的价格来推销商品。因此竞争者总是竭力表明他们的商品比邻人的商品便宜。在这种情况下诚实是无益的。事情的本质表明应当采用虚伪的手段。经验告诉了我们什么？标出商品零售价格的千百则报纸广告中，没有一则是真实的。明白事理的人们谁也不会否认这一点。报纸照理应该在零售商的一切广告上面加一个标题："不真实的、虚伪的报导"，等等。在这样的社会情况下能有普遍的真诚吗？我们不承认有这样的可能。如果没有普遍的真诚，还能有普遍的幸福吗？这是不可能的！期待这样的事情真是太天真了。

事业本身就是十足的奴役。在工厂和大企业里，企业主本人虽然并不做劳累的工作，然而他们的精神却处在经常不安的状态中。他们被随时可能发生的危险所折磨着：不是担心自己被竞争者搞垮，便是担心自己的债务人还不出债而失去自己的财产。他们的思想中经常被物价波动、生意亏本、投机失败以及其他类似的不愉快事情纠缠着。结果他们变得忧郁、易怒、吝啬、阴险和冷酷无情，虽然他们天生原有极好的性格。精神上的需要根本谈不到。如果有人竟然这样愚蠢，把自己的很大一部分时间用于学术研究或休息，那么他就会遭到破产。为了取得成就，必须把一切智力和体力全部用在这个值得吹嘘和赞赏的目的上——赚钱。既然企业主的情况这样，那么受雇用的职工的情况又该怎么样呢？他们实在会羡慕田野中的野兽和空中的飞鸟。更不必谈培养我们方才描写过的道德品质了,这些人是世界上最受压抑的奴隶。在批发商业中他们一般要比在零售商业中好一些;然而在那里也有许多使没有完全失去精神需要的人们感到厌恶的事情。但是零售商店中的伙计的地位的确是值得同情的。

为了仅够使他们保持漂亮的仪表的微薄的报酬,他们从清晨到深夜紧张地工作着,甚至经常工作到"阴暗的早晨把苍白的光线照到这些可怜虫的更加苍白的脸上"。

在这段时间中他们要做许多有趣的工作:装饰橱窗,在商品上贴标签,站在柜台后面装着笑脸招徕顾客,或者无事可做地走来走去。到了晚上,他们又得把早晨所做的一切重新收拾起来。这是多么值得明智的人去干的伟大的工作!这是社会上多么有用的人才!

和这个阶级密切联系着的是另一个阶级——女裁缝和她们的"帮工"。后者甚至处在更加悲惨的处境:她们同样很早就开始工作,很少休息,很少走动,经常得到的是最粗劣的食物,她们甚至没有吃这种食物的充裕时间;她们这样一直坐到早晨的最后一小时,直到这些不幸的牺牲者不能再继续工作下去,因为再工作下去就会损害她们最后的生命力。不够熟悉这种手艺的工作条件的人们,也许会认为这样的描写是过甚其词。然而事实确是这样的。这里所讲的是真情实况。

现在我们回过来谈商店的伙计,他们的不幸(不是过错)在于他们处在这样的地位。为了帮助他们能够得到幸福和安宁,应当使他们有可能参加一两次会议,讨论讨论自己的处境。让他们好好地想一想，他们是怎样的人，他们能够成为怎样的人。只要能够让他们知道自己目前的实际处境就好了。他们想摆脱这种处境的努力将随着他们的知识而增加。少数人做出了榜样，许多人立刻仿效他们，这样，那些目前属于商店伙计这个没有多大作用和意义的阶级的人们，就将变成社会上明智的、有知识的、有用的人，变成像他们所呼吸的空气一样自由的人。

但是如果说不真诚和奴隶状态是伴随现代商业制度而产生的罪恶，那么，这种制度必然产生的冷酷无情比这种罪恶更要坏得多。

在使用资本方面的利益的竞争，本身就已足够使人们消除一切善良的感情，使人们的性格变得比野兽更坏，使人们变成最无情的生物。

在我们国家里找不到一个这样的人，他的生活一点不依赖于商业，他在事业上没有成千盈万个敌人。找寻工作的工人甚至在应当成为他们的朋友的人中间也经常会遇到敌手：他能得到的工作可能被他的亲友找去了。在各种企业中间也充满了这种罪恶。零售商、批发商、手工业者，每一个人都可能把在与自己相同的部门中工作的人当作敌人。乞丐也很清楚，如果他不需要跟无数竞争者竞争，那么他的求乞就会更少遭到拒绝。这样，人就成了人们普遍的敌人；人的本性叫他要爱人，现在却只有让别人倒下去，他才能得到胜利。一个人的毁灭成了另一个人的幸福。因此在人的心中就产生了妒忌、憎恶、怨恨、私仇，以及对别人的不幸漠不关心的感情。这些特性是目前制度的必然的、不可避免的结果，而且——不管这是多么奇怪和不可思议——我国有 116 000 人（包括妇女和儿童)实际上都在互相效尤地来破坏几乎为一切社会规章所产生和培养的东西。目前的社会状态几乎在一切地方都适于在自私和博爱之间造成对立。你们这些加剧苦难的人们,你们这些愿意改变不幸的果实而却在培育着不幸的根源的人们,你们仔细地看一看这种情况吧!你们了解一下这种情况,把它铲除掉吧,如果那时候人们还会与自己的幸福相违抗,那么再去责怪人类的天性吧!但是只要这种情况还存在着,要想期待幸福的到来,就好比等待雪地上的松球开花一样!

我们现在来谈谈下层阶级。下层阶级的贫困和退化是尽人皆知的,未必再需要叙述和说明。我们把这些都略去不谈,而只是指出,只要目前的商业制度还存在着,那么他们的地位是没有希望改善的。我们只想指出目前爱尔兰的灾情中的一些情况。下面是从伦敦委员会当时公布的一些信件中摘录下来的引文,它应当尽可能时常提醒社会舆论的注意。

引　　文

"16 250 个居民中间,有 7 000 人除 553 英镑补助金以外,其余什么都没有。这些挨饿的贫民人数是一个可怕的数字。由于不可能满足大家的需要,因此每日都能看到惨不忍睹的赤贫景象。

这些人由于高傲的缘故,使贫困变得更加严重。有一个女人因为不好意思说出自己的生活条件,便和自己的三个孩子一起饿死。许多人由于身体虚弱,在等待分粮的时候晕了过去。许多人认为,如果没有英国公众的热情支持,当地的捐款还不够买棺材来收敛饿死的人。伤寒和痢疾非常猖獗。”(摘自博特的来信。)

“我昨日向委员会报告了本教区各城市的调查结果。1382 人中有 883 人没有任何生活的资料。许多家庭在长时期中每天只吃一顿,有些家庭只有几个吃剩的马铃薯,还是去年藏在地里的;许多人根本连一点食物都没有。由于食物不足,有些人患了热病。”(摘自拉特基尔的来信。)

“我代表我的贫苦的乡亲向你们表示衷心的感谢,由于你们仁慈地使我们摆脱了不可避免地遇到的饥饿。这种义举使千万饥民免于死亡。迄今为止,他们靠着这个几乎已经民穷财尽的国家的努力而生活着——这种努力大大地超过了捐款,因为捐款已无能为力。的确,到目前为止少数人已经饿死,而街上遇到的面黄肌瘦的人们,可以证明他们离这个最后阶段亦已不远。有的人三天没有吃过一块面包,僵卧在床上等死,但是只要有一点点的补助金就能使他们得救,他们会慢慢地恢复知觉的。”(摘自李斯托威尔的来信。)

“送来救济 D. 和 F. 两教区的 50 英镑几乎已全部用罄。再过几天,3 000 又将濒于饿死。”(摘自罗斯科门的来信。)

“没有人比伊勃里坎居民更贫困的了。由于去年颗粒不收,剥夺了他们最必需的生活资料。他们只能靠吃草根和软体动物等东西来苟延残喘。他们每天集合数百人,去采集一顿少得可怜的午餐。看到这些贫病交迫的饥民,使人胆战心惊。他们以感激的心情盼望各界人士慷慨捐助,在他们不幸的时刻救济他们。”(摘自基拉尔尼的来信。)

“如不立即救济,2 197 人即将饿毙。所剩粮食仅够六、七天之需。”(摘自塔尔伯特的来信。)

“K.教区的八千个居民中,有一半已在真正地挨饿。呼吁救济的人数与日俱增!不幸的是,教区内没有一个富裕的人。”(摘自麦奥的来信。)

“我无法描写这些苦难的人们的可怜处境。许多人以草为生,他们从20或25英里以外的海边把草背回来。在缙绅会议上我们募不到十英镑:需要的钱的数目很大。我还能添上50英镑。但这也无济于事,因为需要维持四千个不幸的人的生活到收获期。”(摘自加尔维的来信。)

“疾病和饥馑每日异常猖獗,据我看来,只有上帝的帮助才能拯救我的一半的乡亲免于饿死。”(摘自科克的来信。)

“再过几天,这些可怜虫将不能再做任何工作。有一个不幸的人前几星期在街头工作,星期六傍晚他还在工作,——当他今天(星期一)早晨起来,想出去工作的时候,他感到疲惫无力,他躺在地上就死了。在博菲已死去四人。如果四肢肿胀、面色苍白、脸颊瘦削、两眼下陷是死亡的先兆,那么死神不久将在这里找到大批的牺牲者。过去我经常看到贫困,但在这以前我从来还不知道什么叫饥饿。”(摘自克利弗登的来信。)

“我把自己亲眼目睹的可怕事情向委员会作了详细的叙述。要是不寄数千英镑到麦奥和加尔维来,那么全部居民都将死去。我在到卡斯尔巴去的路上,遇到一群饿得半死的男人、女人和孩子,他们在寻找能使他们免于饿死的一小把食物。”(摘自大主教秋姆的来信。)

他的另一封来信:“我用我的贫苦的人民的话来对你们说:‘上

帝保佑你们的英国委员会。你们尽了一切的力量,来拯救我们免于饿死,'然而我怕这一切都无补于事。你们忠诚的秋姆。”

我们毋需在这上面再补充什么话,以便引起比这些简单的报导所产生的更深刻的同情。我们只是要问,难道这一点还不够使你们对我们制度中的严重缺陷引起怀疑吗?我们要问,面对着这样的事实难道我们还能永远处在无知的迷梦中吗?我们能用老一套的规矩经常来安慰自己,说“世界上的一切事情自然而然地都会有个结局”吗?得到什么样的结局呢?显然,至少有 500 000 爱尔兰人几乎已经得到了自己的结局,而且我们觉得,如果我们不改变我们的行为,那么我们大家都能得到这种结局!我们能够由于已经募到足够的款项使爱尔兰得以防止极端贫困而感到心安理得吗?我们能把由于过去极端贫困的状态而产生的罪愆归于天命,并且确信目前的一切都已正常,而将来会更加好转吗?如果把我们不倦的注意力用于查明和消除这种贫困的原因,不是更正确吗?我们不是应当以此为目的,努力去寻找能纠正旧习惯和传统观点的新真理吗?如果在走向我们这个目的的道路上遇到什么困难,我们能半途而废吗?相反的,我们不是应该以无穷的精力力求达到这一目的,不管困难和舆论如何,不达到目的永不罢休吗?

进行这种尝试,我们必须具有不屈不挠地走向目的地的精神,不管可能遇到什么困难,都要怀着原有的坚强意志,力求达到目的。

爱尔兰贫困的原因如下:从事生产劳动的爱尔兰人和英国人一样,由于分工的结果,注定都要替资本家工作。他们被剥夺了享有自己劳动产品的不可争辩的当然权利。只要你们把这个权利给予他们，他们将不需要在他们暂时困难的时刻给予捐款，也不需要你们的军队在他们中间维持治安和应有的秩序。我们说：把他们有充分权利得到的东西给他们吧；他们所要的，只是应当属于他们的东西。我们要说：不要从他们手里夺取应当属于他们的庄稼，不要再掠夺和压迫他们，他们将永远不会奢求你们的博爱，也永远不会来破坏你们的安宁。然而徒然地叫富人不要压迫，这不过是白白浪费时间和言语。我们要赶紧教会穷人，他们用什么方法才能使自己得到所希望的、要求的和渴望的东西——他们的劳动产品！对他们说来，这个损失是任何东西都不能代替的。

爱尔兰以及英国的贫困还摆在我们眼前。我们能想象这个问题会随着时间而消失吗？会永远被人遗忘吗？不能！我们不能对它置之不理。我们对我们为之而奋斗的那些原则的价值知道得非常清楚，因此不能把它们忘掉。人们对这些原则的误解不会继续存在下去，既然它们不久即将为大家所理解，那么那时候大家都会奉行这些原则。现在我们再从报刊上引述一些有关这个问题的简讯。

下面是从 1822 年 8 月 4 日出版的一家周刊上摘录下来的引文：

“不知道内情的人未必会相信，在大陆的各个地方住着 100 000至 125 000 英国和爱尔兰的有产者。许多城市都被他们住满了。G. 公爵、S. 伯爵和 F. 伯爵在巴黎每年要花费自己的财产、更可能是国家的财产 100 000 英镑，他们在将近 20 000 个不同阶级的英国居民中居于领导地位。”(《论侨民》。)这篇文章的其余部分指出了所提到的人和他们居住的地方——这些细节对我们没有意义。这些人不住在自己的庄园里，被认为是爱尔兰人巨大不幸的原因，因此我们需要谈一谈。

现在请随便哪一个人，随便哪一个有时能考虑考虑问题的人，或者对人们的关系能稍微仔细地观察一下的人，来看一下这个报导吧：首先看事实，然后看它的结果。

难道有人能得出这样的论点，认为人们不可以自由地到他们想去的任何地方去吗？难道自然界存在着这样的法则，使人们有义务必须留在他们的故乡吗？难道有这样的理由，要求富裕的人（他们只是生活过得好一点）必须跟他们偶然在这里第一次看到阳光的那一块固定的土地结合在一起吗？然而大自然的美和艺术的美却是广泛地分布在全世界的，他们看得愈多，想看的愿望也就愈加强烈。难道在圣经上写着"你必须住在祖先的国家里"吗？莫非这是良心对人们的要求？

如果离开祖国的习俗要受到指摘，那么这些人实在太不知道人的本性了，他们主张：人们（他们永远是爱自己的）在这个问题上不应当按照自己喜欢的那样做，而要按照别人喜欢的那样做。然而这种习俗在一切自然法的原则中都能找到辩解的理由，因此这方面的争吵是多余的，没有意义的。

现在我们来看看这件事情的一些非常简单的结果，这些结果是很容易说明的。爱尔兰人首先把自己的劳动产品全部拿出去，以便能够偿付地租，他们从这产品中拿到的钱也要交出去。结果是很明白的。由于留给他们的一部分只够维持他们的生活，因此一旦遇到歉收，他们实在就得饿死。这就是我们说明上述习俗没有过错和不应受到指摘的明显的结果。的确是这样，我们有充分把握地肯定:没有过错和不应当受到指摘的习俗产生了巨大罪恶这个事实,不可争辩地证明了罪恶的根源要深得多。我们至今把它看作原因的东西,只是另外一个原因的结果。

我们并不否认,为特殊原因所引起的一些特定的事件可能构成例外,但是我们敢于提出下述论点作为普遍的原则,甚至对大家都是重要的原则:一个人把自己的财产搬到世界的任何地方,他的这个举动不可能对另一地方造成不公平。上面提到的那些人是依靠本质上不属于他们的财产而生活的。他们的生活所依靠的财产,实际上应当属于被环境势力所掠夺的生产阶级,他们赖以生活的财产是不属于他们的。他们没有创造这些财产,也没有给予任何补偿。请他们证明他们对这些财产有什么权利吧！这就是造成贫困的原因。如果他们依靠真正属于他们自己的东西而生活,那么他们不住在本国就根本不会造成危害。

一个调查过爱尔兰贫民的就业情况并且因最近大灾荒而受议会任命的委员会,在总结报告中说:作为农村居民主食的马铃薯收成很坏,但是维持生活的其他食物并不缺乏。相反,谷物的收成根本够吃,谷物和燕麦粉的价格十分平稳。从5月到8月这个时期中,从爱尔兰某些歉收区运出的谷物为数甚多,大大地超过了在这段时期中输入的数量;而南部和西部的这些地区提供了一个独特的范例:这些地区的居民忍受着贫困,而那里却有着多余的食物。处在贫困压迫下的农村居民的可嘉的忍耐心,在这里受到了尊敬和赞扬。因此可以说,1822年的灾害的产生,在较小的程度上是由于缺乏食物,而在较大程度上是由于缺乏购买食物的相应手段,或者换句话说,是由于人们找不到有利的工作。

有一个在最近几年中到过爱尔兰的善于观察的苏格兰富农说，农村大部分居民生活的贫困程度，是他过去所想象不到的，因为不可能设想人们竟能在这样简陋的环境中过日子。在他们的板屋里未必有任何可以称为家具的东西。有些家庭里没有被子；农民们给我看蕨菜和一堆干草，他们就是穿着工作服睡在这堆干草上的。他们把吃马铃薯看作是一种极大的享受。大部分人只能喝水。

"这个声明得到受委员会调查过的许多熟知情况的人的证实。他们的叙述不仅与大部分爱尔兰农村居民的这种凄惨的景况是一致的，而且他们还认为这种情况是由于居民遭到普遍失业而造成的。经调查证实，国内有些地区有一半居民没有工资收入，有些地区的比数还要大些。所有受到查问的熟知情况的人一致认为，农村居民的不安心理和破坏治安的现象在很大程度上是由于这个原因而产生的。在亚麻工业发达的克洛奈基尔特和约克郡，从现在掌握的资料来看，秩序已经安定。在大规模生产纱线和出产亚麻的麦奥郡，社会治安没有遭到破坏。克里郡的一个男爵领地是最平安无事的；那里是工场手工业非常发达的唯一的一个地方。沃特弗德邻近地区一点也没有不安的迹象，因为那里的农村居民有着固定的劳动市场。相反，在科克地区由于大部分居民都没有工作，不久以前发生了非常可怕的破坏法律的行为，在很大程度上侵犯了所有权，恰巧委员会从一个杰出的土木工程师那里获悉了关于这些地区的情况，它给了居民许多开筑新路的工作，很快地就使国内的局势平静下来。做这个报告的委员自己又补充了一句：'要是工程能够大大地扩大，那么它相信，居民就会停止发生骚乱。'如

果除此以外更注意一下亚麻工业占优势的爱尔兰北部地区，那里与南部地区凄惨的境况相反，情况比较好和安静，那么委员会就必须承认，就业与和平之间，缺乏有益的工作与骚乱之间，有着直接的联系”。

“委员会持有这样的意见，认为人民非常关心工作问题。南部和西部的农村居民为了寻找工作，在一年中有一定的时间要离开自己的住所。1819 年被委员会查问过的土木工程师宁莫先生说，克利郡的成百上千个农民为了每天得到四便士的工资，都愿意到邻近的利默里克郡去当雇佣工人；委员会的一个委员指出，他知道克利郡有许多农民为了找寻工作而离开了自己的故乡，同时不管怎样低的工资，甚至每天两便士，——简单地说，只要足够给自己购买食物，以便在今后的二十四小时内能够继续生存，他们就什么工作都愿意做。大家都知道，在农民们能够找到包工工作的时候，他们都工作得精疲力尽，戕害了自己的健康。爱尔兰西南部被大西洋环绕的那些半岛上的居民，把海藻和石灰从海岸运送到深入国内数英里的地方。在山岭陡峭而没有铺好道路的地方，农民们用肩扛着这些肥料走两三英里。因此委员会感到自己有权作出结论，认为爱尔兰的农民一般都并不游手好闲和懒惰，而是非常愿意得到工作。”

不幸的爱尔兰的情况就是这样的。

委员会接着还告诉我们，“在向它建议的许多方案中间，罗伯特·欧文从纽拉拿克寄来的方案引起了舆论很大的注意，因此需要作专门的审查。关于这个方案大家谈了很久，它在爱尔兰引起了很大的兴趣，因此委员会认为自己有责任对它进行详细的研究，并清楚地分析它所根据的那些原则的意图。”经过详细研究以后的结果，这个方案没有被采纳。委员会“很愿意重视良好教育和从小养成循规蹈矩的习惯的成就，但必须在这样的条件下：即要有某种环境使人们能够摆脱他们的欲望和弱点，以便他们能够接受这些本身正确的原则；这是难以预见到的结果”。

讨论这些委员会的意见并不是我们这里的任务，不过我们既然引用了这种主张，就不能不简单地给予回答：要么就是他们根本不知道欧文先生的计划，要么就是他们对他的计划故意作出不正确的叙述。欧文的计划的最重要特点，在商业方面是要消除目前限制生产的情况，把生产者创造的财富给予生产者本人。在这方面，他的计划跟教育或从小养成循规蹈矩的习惯毫无共同之处。它跟人们的摆脱欲望和谬误毫无共同之处。这里所讲的，只是应当根据合作制原则给予人们工作。而当人们在这个原则上取得工作以前，亟须摆脱自己的欲望和谬误，以便任何人不管在联合王国的哪一个地区，不管他跟王国政府有怎样的关系，都能按照这个原则办事，至于工作本身的差别是非常多的，人们甚至无法完全知道。

除了合作制原则以外，不可能有任何别的原则能够给予大家不受限制的就业。上面引述的对爱尔兰贫困的起源的看法是很糟糕的；同样糟糕的是，从上面的说明中可以看出，在目前的商业制度下，不幸的爱尔兰人没有得到、也不可能得到任何的保障。

如果我们看一下爱尔兰的现状，那么我们对于几乎在每一期周刊上在《可怕的事件》、《野蛮的凶手》、《恶毒的暴行》等标题下看到的描写，就不会感到任何的惊奇。可惊奇的倒是这样的事件太少了！

现在我们来谈谈本题中的一个重要部分。这篇文章的前面已经证明，由于目前的社会制度，生产阶级丧失了自己的五分之四的劳动产品。现在我们要问，社会的下层阶层的地位将会怎样？那些为了找到工作而不惜从事一切冒险举动的人们的地位将会怎样？对于那些只有依靠富人的慈悲才能免于饿死的人，人类的头脑能想出什么方法来维持他们的生活呢？我们要问，下层阶级一旦能够找到一种方法，它的地位将会变得怎样——为了什么？要创造怎样的奇迹？赫拉克勒斯[①]的勋业吗？不！只是要让有益的工人本身有可能使用他们创造的财产，使他们有可能把自己不需要的部分劳动产品去调换对他们适用的等价的东西——同时从他们那里只扣除必需用于抵补管理、领导、监督和分配工作的费用。这就是我们所盼望的改革。改革必须这样开始：不实现这个原则，任何其他的改革都一文不值；这个改革的最初的成绩将是：由于人们的劳动使财富增加的结果，社会上的劳动阶级会直接处在比现在的上层商人阶级更好的地位！我们保证（不怕反驳，也不怕那些惯于对超出他们狭隘眼界的一切东西加以讥笑的人们的讽刺），那时候英国的劳动生产力将达到这样的高度，每一个人，甚至在英国土地上混日子的最贫穷的乞丐，都能直接拥有大部分生活必需品，而且生活过得十分愉快，像 1812 年（参阅上面的图表）一个包括仆人在内的十口之家有 400 英镑的收入一样。为了取得这些收入，他一天只需要从事数小时有益的适度劳动。这不会成为他的负

① 希腊神话中的英雄，曾建立杀死九头水蛇等十二大勋业。——译注

担，却能使他的身体强壮起来，并且使工作完毕以后的合理的娱乐变得更加愉快。

这不是狂热的幻想，而是明显的、简单的事实，像二二得四一样明白。上面引述的（参阅图表）每一个男人、每一个妇女和每一个儿童的收入是 11 英镑，他们的劳动（包括一切有益劳动和无益劳动）产品是 54 英镑，其中给国家的 1/4 的产品已经扣除，充作政府的支出和企业的管理费。

现在我们要问：如果能够使劳动阶级达到这样的地位——这不仅可能，而且是很容易的——那么我们所处的世界将会变得怎样呢？我们晚上躺在床上睡觉的时候，还需要把武器放在身旁，以防半夜里有人抢劫吗？到那时候，我们的街道上还会充满小偷，我们的监狱里还会充满骗子吗？还会有人求乞和有人布施吗？总而言之，还可能假定有人会采取各种犯罪和暴力的手段，费极大的困难和冒着生命的危险来取得财产吗？这种财产只要他们参加工作就能毫不费力地得到，而且工作不仅能给予他们财富，还能给予他们乐趣。我们的回答是：人们的幸福掌握在他们自己手中，但不是在个别人的手中，而是在集体手中。我们的回答是：在使用财产和分配劳动产品中人们利益的对立是一切贫困的原因。我们的回答是：利益的一致能消除一切贫困及其许多后果，而这些后果加在一起，会使人类失去能使生活变得有价值的一切东西。我们的回答是：在实现这个原则的道路上没有任何不可克服的困难，相反，人类的任何力量都不能阻止它的实行，或者甚至推迟它的到来。

竞争是生产的界限

在作了上面的说明以后，也许可能会感到，似乎现在我们已经把本题的绝大部分讲完了，似乎我们在不背离真理的情况下已经尽可能地描绘了新计划的许多有利方面。然而这种猜测是不正确的。我们不仅没有用足够鲜明的色彩来描绘合作制的种种好处，而且甚至至今还没有对它作正确的说明！当然，我们所主张的原则能够使生产阶级的收入至少增加三倍，这是一个重要的真理。然而这个真理不管怎样重要，从这里得出的利益不管怎样巨大，跟那个还有待于详细阐述的真理比起来，就显得微不足道了。后者的利益真是无法形容的！

到目前为止，我们对我们所能达到的利益只作过一些肤浅的说明。我们要把我们的注意力放在一个最重要的真理上，这个真理过去人们曾把它看作是关于人们生活条件的问题，这个真理是新制度与旧制度之间无法形容的巨大区别的基础，这个真理会向所有愿意明白它的人指出几乎对我们周围一切事物的完全新的看法。

如果有什么东西能够在什么时候引起普遍的惊奇，成为大家热心研究的对象，激起全人类的毅力，号召他们一起努力来摆脱周围的贫困，如果有什么东西能够在什么时候做到这一点，那么这就是下面的那种情况："我国和其他许多国家的居民失去了生活中必需的和令人惬意的许多东西，这些东西也就是所谓财富。许多人对这些东西只能得到极少的数量，而且要费九牛二虎之力，用巨大的劳动和努力才能得到。另外一些拥有这些东西的人,却经常害怕由于他们控制不住的情况而重新失去它们。然而无可争辩的是,所有这些人依靠他们拥有的巨大机械力,能够用自己的劳动创造出几乎无限的生活上必需的和令人惬意的东西——绝对能够创造出完全足够满足该社会每一个成员的需要的那样多的东西。"

如果这是正确的话(谁能怀疑这一点?),那么毫无疑问,大自然并没有提供使有些人遭到贫困的任何理由。因此有这么许多人遭到贫困的原因,应当在社会制度中找寻:这一点把我们引向我们在上面提到过的那个重要真理,即现在存在着违反自然的生产界限。

在有工作能力和劳动热情的居民阶级中间,贫困的明显原因或者是人们不能得到任何工作,或者是虽然找到工作而工资不足以使他们摆脱贫困。但是这两个原因都是结果。由于现在资本家之间互相进行竞争,而并不是联合起来工作,这样,他们带给社会的就不是他们所能给予的最大利益,而是他们采用的方法一般所能给予的最小利益,这种情况就是上面第一个原因的结果。这种情况所产生的第二个祸害是:社会制度从生产阶级手中夺取了他们绝大部分的劳动产品,而不是仅仅拿取少量必需用以抵补事业领导、一般监督、分配和管理方面支出的劳动产品,而且所有从事上述工作的人显然都是非生产工作者,或者换句话说,虽然在人数适当的情况下他们也是社会上有益的和必需的成员,但是他们并不创造他们所消费的东西,因而不得不依靠那些用自己的劳动创造财富的人们的勤劳而生活。

上面的第一种情况会制造出 non plus ultra(极端的)贫困。

第二种情况只产生较小的后果，它迫使人类中最有益的成员必须无止境地劳动和受苦。这一点我们已经作了说明。我们指出社会制度从生产阶级手中夺取了他们的五分之四的劳动产品，以及它是用什么方法夺取的。现在我们要来说明资本家之间互相竞争而不是联合起来工作的情况。其原因是在目前的社会状态下，人们在使用资本和分配劳动产品方面的利益是不一致的——这里我们已经开始接触到祸害的根源。这种情况把一切时代和一切民族都引入迷途。它使地球上充满了贫困，阻挠着要使人类变得高尚和幸福的一切意图。只要消除这种情况，就能从世界上彻底消灭贫困及其一切有破坏性的后果！

现在我们来试着说明这种违反自然的生产界限。

国家的年度收入，换句话说，也就是人民每年用劳动创造的财富总量，永远存在着两个自然的界限。这就是我们生产力的充分使用和我们的需要的得到满足。

这个真理是很清楚的。很明显，在第一种情况下，如果国家的劳动力和我们掌握的机械力得到充分的使用，那么国家的财富会达到它的最高点。同样也很明显，如果我们拥有我们所期望的巨大财富，那么我们就不再注意去创造更多的财富。

如果除了这两种自然的界限以外不再存在其他的生产界限，那就太好了。然而不幸的是我们提出了第三种界限，这第三种界限就是竞争。我们尽力设法来说明竞争是生产的界限。

1. 在目前的社会状态下，生产是受需求限制的。

消费者通常从零售商那里购买商品，零售商批购的商品数量永远是被他指望能卖掉的数量所决定的，换句话说，也就是他放在店里等待需求的数量所决定的。人们在生产商品的时候，同样也受到这个原则的支配。工厂老板们并不考虑，生产多少布匹才能满足人们的需要。他们不去查明一年中全人类需要多少衣服，以及做这些衣服需要多少布匹。他们也很少问自己，他们能生产多少布匹。他们要问的一切，他们想知道的一切，只是他们能够有利地卖掉多少布匹，商店能向顾客供应多少数量，换句话说，也就是对布匹的可能的需求量有多大。生产是受这个因素而且只是受这个因素的调节的。如果生产的数量比需求的数量大，那么他们就说，市场上商品过剩；如果生产的数量比需求的数量小，那么他们就说，市场上供应不足。而对满足消费者的需要和扩大生产力则毫不加以注意！

2.既然生产是受需求限制的，那么就产生了下面的一个问题："需求是受什么调节的？"

我们回答：需求是由整个国家依靠劳动、服务和财产所能支配的财富总量构成的。这个总量是由许多个人依靠劳动、服务或财产所能支配的数量构成的。

这差不多是不言而喻的，因为大家一定都很明白，一个只依靠自己的劳动生活的人，不能得到超过他的劳动收入的购买能力的财富；任何一个商人，任何一个只依靠自己个人的能力或智力生活的其他非生产者，都不能得到超过他们的服务收入的购买能力的财富；任何一个社会独立阶级的成员都不能得到超过他们的财产的支配能力的财富。

因此，需求显然是由这些财富的总数构成的，即：生产阶级的劳动收入所能支配的财富数量，不独立的非生产阶级的服务收入所能支配的财富的数量，以及独立阶级的财产所能支配的财富数量。尚未获得解决的唯一的问题是："每一个个人得到的财富的数量是受什么限制的？"我们回答如下：

3. 个人的劳动收入、服务收入或财产所能支配的财富数量，是受人们之间的竞争限制的。

竞争决定着生产阶级所得到的财富的数量。他们中间的那些虽然一直等待着工作而还没有找到任何工作的人，在个人竞争的制度下，总是会把他们全体所取得的产品减缩到恰巧足够使他们维持体力和在业务上继续竞争的部分。如果这些阶级什么时候想超过这种水平，那么他们只能把希望寄托在别的东西上，而这种东西在商业按照目前的原则进行的情况下，他们在随便多长的时间内从来都不可能得到的。

竞争决定着商人阶级所得到的财富的数量。每一个商人的贫或富，要看他在事业上的努力能让他支配大量还是少量的舒适和享受的物品而定；这总是由他在买卖中得到的收入的多寡所决定的。收入是受竞争限制的，这一点未必需要证明。如果商人按照生产成本出售一切商品，那么他就根本不会有任何收入，然而竞争愈剧烈，每一个商人就愈要使售价接近生产成本，这是具有决定意义的证明。

那些有房租或利息收入的人，在出租房屋或放债的时候就是商业家，他们所取得的供自己消费的财富数量，也是受竞争限制的。

这样，竞争限制着个人取得的财富的范围。个人取得的数量综合起来构成社会取得的总量；这个总量构成需求，而需求则限制着生产。

如果正确地明白这一点，那么大家都会相信，生产力的充分使用和需要的得到满足是生产的两个仅有的自然界限。

只要资本家之间继续相互竞争而不联合起来工作，我们就永远不能充分使用我们的生产力和完全满足我们的需要，因为生产将永远受到人类的劳动收入、服务收入或财产所能支配的产品数量的限制。

生产阶级得到的财富数量，是他们的劳动所能得到的最小数量。工人不能取得比现在大一倍的数量，这原因是：如果他一个人要求这样做，并且拒绝为很少的数量而工作，那么他就会失业，因为别人会同意按现在的数量做同样的工作，换句话说，别人会和他竞争。

商人阶级得到的财产数量，是他们的服务可能得到的最小数量。商人不能取得比现在大一倍的数量，这原因是：如果他一个人要求这样做，也就是说，如果他一个人要求把自己的买卖收入增加一倍，并且拒绝以较小的利润出售自己的商品，那么他就会做不到生意，因为别人会以一般的利润向公众供应同样的商品，也就是说，他们会和他竞争。

债主和房东得到的财富，是他们靠放债和出租房屋可能得到的最小数量。这一类资本家不能得到双倍的数量，原因在于：如果他一个人要求索取双倍的房租或利息，拒绝以较小的报酬出租或借贷，那么他就会从干这一行的人们的队伍中被排挤出去，因为别人愿意按照目前的报酬出租或借贷，也就是说，他们会和他竞争。

因此，除了那些有固定收入的人以外，每一个个人的收入以及社会的收入都是受竞争限制的，每一个人只能得到他依靠劳动、服务、出租或借贷所能得到的最小的数量。由于竞争迫使人们只能在非常有限的程度内享用使人舒适和快乐的生活用品（如果考虑到我们能够生产更多更多的东西，那么这的确是有限的），因此我们生产这些必需用品的能力的提高，不可能引起对奢侈品的需求的相应增长。相反，奢侈品的获得只会伴随着越来越大的困难，因为由于竞争的结果，容许大多数人享用的一切东西，只要少数人就能够生产出来；这样，由于争夺工作的斗争的加剧，竞争也将更加激烈。

由此可见，一切阶级用竞争的方法所能取得的食物、衣服、住房以及其他奢侈品的总量，构成了目前对产品的人为的需求。因为如果一个资本家对这种需求的增长估计过高或者计算得不正确，向市场提供了超过需求的大量商品（也就是超过在竞争的限制下容许社会各阶层作为补偿自己的劳动、服务或财产而拿到的财产数量），那么他就只能降低这种商品的价格，因而他就会在为取得利润而进行的投机事业中亏本。

这样，在目前的社会状态下，竞争就成了生产的界限，因为在长时期中资本家从来都不曾为亏本而生产商品，而且将来也不会为亏本而生产商品的：如果在满足我们的需要和充分使用生产力方面他们已经生产得足够了，那么这样的情况必然会发生。

因此，在个人竞争制度的统治下，不管工人可能变得怎样贫困，不管商人和工厂老板的处境会怎样困难，不管土地所有者多么不容易收到自己的地租，人们对此都是漠不关心的。问题并不在于人们能够创造多少财富。即使在机器和其他生产力的帮助下他们已有足够的劳动力，以便使社会变得富裕起来，他们所生产的数量通常还是不能超过在竞争的限制下所容许他们消费的数量，哪怕这数量远没有满足需要。

大不列颠目前的实际情况正是这样！它的居民有力量，他们能够用这种力量不受任何限制地创造财富，然而一半居民却处在异常贫困的境地。

在受竞争支配的一切社会里，经常总有一批失业者。当一个工人处在这样的地位，他就自然而然地产生这样的问题："我怎样生活？"他不是向教会领取补助金，便是把另外一个在业工人排挤掉。教会的补助金只能使他不至于饿死。有职业的工人也许能得到相当报酬。但自然，他们是以较低的工资得到工作的：把生产阶级的收入降低到最低水平，也就是降低到仅够维持生活和传宗接代，这是竞争的必然结果。

这个论证同样适用于商人阶级。如果有人看到，某人在他的事业中能得到极大的好处，那么马上就会出现竞争者起来和他对抗。接着两者都试图把自己的东西卖得便宜些，结果双方都必须限制自己的支出，限制自己的生活必需品，使自己只能得到很少的快乐和满足。这样，竞争使人类注定要永远劳动，而它的报酬则是奴隶般的生活！

但是在这方面还应当指出一点。经常有人对我们说，似乎我们已经生产了超出我们所需要的东西。这是一个多么愚蠢的谬误！提出这一类见解的人应当首先仔细地想一想自己说的话的意思。他说我们有着超出我们所需要的产品。他指的应该是我们有着超出需求的产品。要在每一个人都拥有他心中想得到的一切的时候,而且只有在那个时候,这才能说我们已经生产了超出我们所需要的一切东西。然而目前的社会是跟这一点完全背道而驰的!请看看其他一些可怜人吧,他们有成千累万人在挨饿,穿着破衣烂衫,无家可归,到处流浪,去问问他们吧,他们有没有足够的财富。你们这些过着奢华生活的饮酒作乐的人们,请你们到工厂区去看看创造你们财富的可怜的生产者吧,去问问他们是不是已经有了超出他们需要的东西。以后你们对我们讲什么生产过剩,就会羞得面红耳赤!我们现在有着超出需求的产品,而且超出了许许多多:但是如果消除了我们上面指出的原因,那么需求甚至会跟生产一样成千倍地增长。

因此,竞争而且只有竞争这一个因素,限制着国家的年度收入。它产生贫穷,把人们拖入悲惨的境地,使他们从童年起就备尝艰苦。人们为贫穷所迫铤而走险,这原因也是竞争所产生的。由于在使用资本和分配劳动产品上人们利益的对立必然会产生竞争,因此只有彻底改革商业制度才有可能使人们得到重大的福利。我们在这里详细地谈一下,向一切明智的人证实这些原理。我们要向一切阶级、一切社团、一切党派请教:在使用资本方面的竞争是不是限制着生产?生活福利是不是人类的劳动创造的?对这些福利是不是经常只能存在两种界限:我们生产力的充分使用和我们需要的得到满足?我们目前不是由这两种界限支配的,情况是不是这样?社会制度不是创造了第三种界限吗?它的名称不是叫竞争吗?如果这是正确的,那么什么时候存在过对社会的商业利益具有这样的作用的真理呢?商业的目的不是在于获得财富吗?这不是大家或者几乎我们所有的人的主要工作吗?我们不是怀着难以满足的渴望努力要去取得财富吗？我们不是把我们主要的智力和体力都用于追求这种财富吗？那么就让生产的这个第三种界限被铲除掉吧！这样，一切可以称作财富的东西立刻就能为大家所有：因为那时候我们有多少能力生产，就会拥有多少财富！你们要计算计算财富有多少，是不可能的。因为每星期，每一期技术杂志都会带来新的发明，在新的制度下，这种发明的好处，无异是被他们积存起来的劳动。

但是能不能够铲除这个界限呢？我们回答是，在任何时候都能把它消除掉，不会遇到一点困难，不需花费多大力气，而且对任何一个人都不会有一点真正的不公平。

我国的执政者在短短的几年内就能消除这个界限以及一切贫困的灾害。我国的执政者应该这样做，因为保存这个界限会使人们受苦、流血，以及干出无数的犯罪行为。他们如果早这样做，早实行这种巨大的改革，那就好了：那时候他们就能为自己建立这样的功绩——他们能为整个文明世界树立榜样，人们会异常迅速地仿效他们！因为我国的执政者反正没有力量阻挡真正的发展！他们作为明智的人，不能指望能阻挡它，而且即使他们希望这样做，也无异于妄想一手抓住太阳，一手抓住月亮一样。如果他们不实行这种改革，而且不立即实行，那么老百姓就会来实现它！

真理的太阳将把自己的光芒照亮不幸的群众，这日子已经不远了。群众现在还忍耐地带着自己的锁链，因为他们不知道阳光将从哪儿照来，不知道怎样才能获得解放，因为大家都过着奴隶般的生活。每一个人都看到别人是自己的难友，并且高声说：“是的，这是不人道的！”但是只要向他们指出自由的方向，给他们说明人类幸福的概念,对他们说,他们能够达到这一点,并且向他们证明这一点,那么他们就会不再带着自己的锁链过奴隶般的生活了!太阳还没有升起来,但是已经渐渐地看到它的光芒:黎明到来了,不消过20年,这阳光的巨大作用将使人类生活发生空前未有的大变化。

总的说来,我们是要说明社会的目前状态。我们要说明财富是谁创造的,它被谁享用着。我们要说明每一种财富都来自人类的劳动,生产阶级目前不仅养活自己,而且还养活了社会上的一切非生产者:而社会上的生产者只是这样一些人,他们用自己的双手翻耕土地,或者对土地的产品进行加工或使之适用于生活的目的;每一个不从事这种事情的人都是对从事这种工作的人所收的一种直接税;所有的商业家、工厂老板、批发商、零售商以及他们的办事员、助手和伙计(我们不提过着浪费生活的许多阶级,他们甚至不想做任何有益的工作),他们或者是生产的领导者或高级监工,或者是向生产者支付酬劳的普通的财富分配者,这些人中间只有一部分数量是有用的,因为有这一部分人从事领导、监督以及分配劳动产品的工作已经足够了。

我们要说明,国家的实际收入是由国民每年用劳动创造的财富数量构成的,这种收入被人用地租、房租、利息和利润的手段从生产者手中夺去了;利润是为用一种价格购买生产者的产品,而又用另一种价格出售这种产品的人所得。接着我们说明,只要个人竞争的制度存在着,那么这些以地租、利息和从别人的产品中得到的利润的形式表现出来的巨大赋税必然也会保存下来,而在新的社会里,大家都会成为生产者,只有为非生产工作所必需的那些人

作为例外，但他们同样也把自己的时间和才能贡献给公共福利事业，任何人的工作都不会被人用地租、利息或利润的形式所征税。

我们认为，大家都一定明白，许多阶级现在过着贫困的生活（在中层阶级走向没落，而上层阶级却沉湎在奢华生活里的时候），而将来他们只要花比现在少得多的劳动，专门用于他们本身的利益，他们就能够使自己得到使生活舒适的一切东西，永远不会再产生困苦和贫穷的概念。毫无疑问，他们不仅能够因此而享受到那些只消费而不生产的人们目前所得到的一切东西，而且还能够消除人类一切错误中最大的错误——生产的界限！我们的制度的威力和可实现性就在这里：它的威力在于把财富生产者的地位提到不可比拟的高度，这是用其他的方法所无法达到的。因为他们只要干些不吃力的少量工作，而所得到的好处将比他们现在用极大的劳动和操心所取得的报酬大四倍。这就会促使一切贫苦的劳动者加入我们的公社；所有其余的阶级，从最上层阶级到下层阶级，都将不得不效法这个榜样，这还需要说吗？而我们的制度的可实现性在于它很容易实行，甚至一笔很小的钱就能发动那样强大的力量，这种力量，根据我们指出的原因，甚至在不大的范围内适当地使用也是任何东西不能抗拒的！

因此很明显，目前的社会制度和它所追求的目的是最可悲地不相适应。它的目的是增进人类的幸福，而它的结果则是使人们经常遭到贫困。

如果我们的话在有些地方说得太严重了，我们对这一点表示抱歉；然而问题要求我们作大胆的说明，我们将永远保持这种态度。我们重视别人的赏识，但是我们更重视真理和人类的幸福。

将来我还要尽力说明建立在国家资本基础上的另外一个制度的计划,依靠这种制度的实行,我们生产力的充分使用和我们需要的得到满足就会是我们财富的仅有的两个界限。这里所谈到的计划,和欧文先生的计划截然不同,但是我希望它将是有益的,它会向全世界证明,利益的一致跟个性和跟财产的差别完全是并行不悖的。在像现在那样的时期,我毫不犹豫地肯定说,社会已经处在永远取消它拟以进行贸易的那些原则的前夜;同一个基本原则不可能向公众提出过多的不同说法,因为每一种不同的说法一般总得具有某种有益的东西!

图书在版编目(CIP)数据

人类幸福论/(英)约翰·格雷著;张草纫译.—北京:商务印书馆,2017
(汉译世界学术名著丛书:120年纪念版:珍藏本)
ISBN 978-7-100-14459-9

Ⅰ.①人… Ⅱ.①约… ②张… Ⅲ.①幸福—研究 Ⅳ.①B82

中国版本图书馆CIP数据核字(2017)第154813号

汉译世界学术名著丛书
(120年纪念版·珍藏本)
人类幸福论
〔英〕约翰·格雷 著
张草纫 译

商 务 印 书 馆 出 版
(北京王府井大街36号 邮政编码100710)
商 务 印 书 馆 发 行
北京市十月印刷有限公司印刷
ISBN 978-7-100-14459-9

2017年12月第1版　　开本710×1000 1/16
2017年12月北京第1次印刷　　印张5¼
定价:28.00元